Dialogues
about
China

对话中国

物态文化篇

中国人是怎样生活的

Material Culture

张 健 董 萃 ◎主编

金学丽 ◎编著

图书在版编目 (CIP) 数据

对话中国 . 物态文化篇 / 张健，董萃主编 . — 北京：
北京语言大学出版社，2013.12
ISBN 978-7-5619-3731-0

Ⅰ.①对⋯　Ⅱ.①张⋯　②董⋯　Ⅲ.①中国—概况②
社会生活—概况—中国　Ⅳ.① K92 ② D669

中国版本图书馆 CIP 数据核字（2013）第 300320 号

书　　　名：	对话中国·物态文化篇
	DUIHUA ZHONGGUO · WUTAI WENHUA PIAN
责任印制：	姜正周

出版发行：**北京语言大学出版社**
社　　址：北京市海淀区学院路 15 号　　　邮政编码：100083
网　　址：www.blcup.com
编 辑 部：8610-8230 3647/3592/3395
国内发行：8610-8230 3650/3591/3648
海外发行：8610-8230 0309/3365/3080
读者服务部：8610-8230 3653/3908
网上订购：8610-8230 3653（国内）/ 3668（海外）service@blcup.com
印　　刷：北京中科印刷有限公司
经　　销：全国新华书店

版　　次：2013 年 12 月第 1 版　　2013 年 12 月第 1 次印刷
开　　本：710 毫米 ×1000 毫米　　1/16　　印张：11.5
字　　数：172 千字
书　　号：ISBN 978-7-5619-3731-0 / H · 13357
定　　价：62.00 元

凡有印装质量问题，本社负责调换。电话：8610–82303590

Dialogues about
China

引言

　　说到中国，人们总是说历史悠久、文化灿烂、地大物博、人口众多等等，可是这样的提法对外国人来说太概括。中国人是怎么生活的呢？要回答这个问题，单凭几个词是不能解决的，必须进行具体解读，从衣食住行等各个方面向外国人具体说明，使之能清晰地了解中国人的生活情况和生存状态。

　　曾经做过一个调查："什么是中国"——对于外国人眼中的中国象征，其回答五花八门，但是集中在如下一些方面：长城、龙、大熊猫、旗袍、茶、中药、饺子、京剧、圆形方孔钱、笔墨纸砚、春联、灯笼、剪纸、红蜡烛、瓷器、景泰蓝、寿桃、书法、算盘、中国结、秤盘、牡丹……上面所列举的中国象征，都是外国人看得见、摸得着的，基本上都是以物态形式展现的独特的中国文化。因此，本书所选择的问题，从衣食住行着手，从具体的物象着眼，用问答形式，力图展现出中国人真实的生活情况。

　　中国人的衣食住行——中国人的生活，是很多外国人都想了解的，也是来中国的外国人会接触到的。外国人用自己的眼睛观察，用自己的认知和经验去解读，有的是客观的，有的未免主观。所以我们力图通过对这些问题的解答，展示中国人生活的真实状态，并点出物态生活背后中国人的心态特点及传统生活方式的文化内涵。因此，我们的问题涉及中国人吃什么东西、穿什么衣服、住什么房子等具体情况，也注重生活方式的变化，揭示其背后中国人观念的变迁。

中国人注重和关心现世。注重现实生活，开门七件事中，饮食文化有吃有喝，有菜有茶；关心生老病死，有中医中药，有膳食同源，有保健锻炼；注重人生的各个阶段，从儿童、少年、青年、成年到老年；重视生活变化，有房奴、车奴、蜗居、宅男宅女等新型生活方式；重视文化的传承，重视年节，重视家庭生活，重视团聚。

物质生活之余，中国人注重娱情养性，以笔墨纸砚和琴棋书画为依托，包括音乐、瓷器、剪纸……让生活更加丰富多彩。

本书试图通过通俗易懂的文字，把中国人的生活融进一个个物态形式进行解答，让外国人觉得亲切、可感，纠正认识不实以及偏见。如果本书可以引导你走进中国人的生活，发现一个新视野，那也算是我们做了一件有意义的工作。

目 录

(玛丽寒假从南方旅行回来，在校园里遇到了穿着唐装的董老师。)

玛丽：
董老师，您的这件衣服可真好看，平时怎么没见您穿呢？

董老师：
呵呵，这是唐装，春节时穿显得喜庆。

玛丽：
怪不得在南方旅行时，也看到很多人穿呢。

董老师：
你也可以买一件穿，还能做个纪念。

1. 中国人为什么穿唐装?

唐装 原指唐代的汉服,现在我们把具有中国风格的服饰统称为唐装。由于外国人称 CHINA TOWN 为"唐人街",习惯把中国人称为"唐人",自然就把中式传统服装叫做"唐装"了。

唐装的布料一般采用丝缎,颜色以红、蓝为主,比较鲜艳。图案含有吉祥如意的寓意,或者是传统的福、寿字样,或者是象征高尚品格的梅、兰、竹、菊,或者是象征吉利富足的万字符、铜钱符等等。唐装上衣是开衫,用中式的扣袢系合,立领,腰侧开衩。由于唐装具有浓郁的中国传统风格,最初是港澳台同胞、海外华人、华侨在节日等特殊场合穿着,寄托思乡、爱国之情。后来,唐装在保留了传统风格的基础上,又加入了更多的现代时尚元素,不再局限于礼仪服装的小空间，普通人在节假日、工作中和日常生活中也都能穿着，渐渐成为国人的时尚。

20世纪90年代后期，唐装作为一种礼仪服装，开始深入高品位的生活，越来越多的都市精英穿着唐装参与到国际商务活动当中，尤其是成龙等演艺明星穿着唐装亮相国际舞台，让更多的外国人领略到了唐装的魅力。2001年10月在上海APEC会议上，20位各国领导人身穿大红色或者宝蓝色的唐装集体亮相，引起全球瞩目，唐装作为"中国符号"迅速在世界范围内流行开来，引发了"唐装热"。

中国人在新年、春节和其他重要

节日，无论男女老少，都可以穿着唐装，增添节日气氛。中国人本命年也习惯穿唐装，很多老人做寿时，会穿大红色的唐装，增添喜庆欢乐气氛。

留学生和其他外籍人士来中国后，也喜欢买件唐装，在正式场合和节日穿着。中国唐装衬托着"洋面孔"，别有一般风味。

玛丽：
苏菲，下周我们开联欢会，我演奏琵琶，穿什么服装好呢？

苏菲：
你穿旗袍吧，中国女孩儿都喜欢穿，我们学校好多老师每次表演都穿，我觉得中国旗袍穿起来真漂亮！

玛丽：
董老师也建议我穿旗袍。旗袍为什么那么受欢迎？对了，苏菲，我穿旗袍能好看吗？

苏菲：
当然好看，下午我陪你上街去买！

2. 旗袍为什么受欢迎?

一提到**旗袍**，很多人首先想到的是香港影星张曼玉在电影《花样年华》中穿旗袍的形象。每款旗袍的面料、样式、色彩都不相同，张曼玉身穿旗袍体现出来的百般妩媚、万种风情，让中外观众领略了中国女性穿旗袍时散发出来的东方韵味。

　　旗袍最早指的是中国满族人穿着的袍服，那时男女老少都穿。因为满族人又称"旗人"，旗人的袍服就叫旗袍了。现在所说的旗袍，则专指女性的旗袍。在博物馆和电视剧中所看到的满族妇女的旗袍，为了便于游牧骑射，设计成宽袍大袖，在两侧开衩，里边配穿裤子。满族妇女身着旗袍，脚穿特别的花盆底鞋子，走起路来摇曳生姿，十分妩媚。

两侧高开衩。一般配丝袜、高跟鞋穿着，站立不动时高雅、大方，走起路来妩媚多姿。旗袍服饰能充分展示女性的曲线美，同时又不失端庄、高雅。再加上胸花的装饰，配上齐胸的小马甲，风格又有不同，外面还能罩毛呢大衣、短大衣，这样的形象成为老上海女电影明星最时髦的服饰，并迅速在全国流行开来，深受中国女性喜爱。

服装是能够决定和限制人的行为方式的。现在，中国女性平时不常穿旗袍，但是在社交或喜庆场合，如举行婚礼时，新娘一般都会准备西式婚纱和中式旗袍两套礼服。新娘本来就是婚礼上最美的女人，穿上旗袍就更有韵味了。在一些晚会晚宴上，中国女性也穿旗袍参加。很多到国外的女性，无论是留学还是去工作，都会带上一套旗袍，在参加正式活动时穿。

现在的旗袍，在保留主要传统中国元素的基础上，又有了新的变化，服装细节部分更加时尚了。长度变短了，及膝甚至更短。袖子也有无袖、短袖、半袖、八分袖和长袖

我们现在所说的旗袍，它的广受赞誉要归功于20世纪二三十年代的上海女性。她们将旗袍、南方服饰及西洋晚礼服融合在一起，使旗袍更能够凸显穿着者的女性美和东方美。它高领，无袖，右侧开合，系扣袢儿，紧身，下摆长到脚踝，

多种，但是无袖和短袖依然是主流。此外，图案的选择更具中国风。除了传统的象征富贵吉祥的花鸟、文字等纹样，图案大大增多了，有中国特色的水墨画、青花瓷等等，旗袍简直成了一幅幅艺术作品。

　　旗袍不但受到中国女性的欢迎，还得到许多外国女性的青睐。来华的外国人，尤其是留学生，一般都喜欢买一套旗袍，女生在参加正式活动时穿，男生也会给女朋友或者姐姐妹妹买一套带回去，他们看中的不仅是旗袍的美，更重要的是，旗袍是最炫的中国民族风！

　　你有没有动心，买一件旗袍穿穿或者送给女朋友呢？

（玛丽去吃早餐，路上遇到了王红。）

王红：
玛丽，吃早饭了吗？

玛丽：
还没有啊，我真不知道吃什么好，总是牛奶面包，都吃腻了。

王红：
哦，跟我一起去吃早饭吧。种类多的是，你想吃什么就吃什么。

玛丽：
好呀，我也想了解一下中国人早餐吃什么呢！

3. 中国人早餐吃什么？

因为中国国土面积广大，人口众多，物产丰富，因此中国人早餐的种类很多，各地的习惯也不一样，但是概括起来，中国人的早餐形式大概有两种——中式和西式。

中式早餐呢，北方人喜欢豆浆和油条，或者馒头、花卷、包子、煮鸡蛋，再加上一碗米粥，加点儿各式小咸菜；南方呢，喜欢来一碗馄饨、米线或者米粥，再加些面点，既简单、方便，又有营养。早餐可以在家吃，如果时间紧，也可以到早点铺、茶楼（南方的早茶不是去喝茶，而是去吃早点，所以这里说的"茶楼"不是喝茶的地方）甚至街边的早点摊儿去吃，非常方便。其实由于南北交流的原因，南北方的中式早餐区别并不明显。只要你喜欢，什么样的早餐都可以吃到。

　　西式早餐呢，主要是面包、牛奶一类。偏爱西式早餐的家庭，早餐一般是面包片抹上黄油或者果酱，加上一片奶酪，或者再加上一个煎蛋，喝上一杯牛奶，也常常用牛奶冲泡麦片。除了面包片，还可以是各种口味的面包，如核桃面包、花生面包、椰蓉面包，等等。有些家庭买了烤面包机，根据自己的口味亲自动手烘烤面包，这也成为一种

乐趣和时尚。牛奶的营养价值是公认的，面包或买或烤，准备起来也简单，西式早餐同样具有简单方便、营养丰富的特点。

中国人很重视一日三餐，尤其是早餐，因为早上是一天的开始，人只有吃饱、吃好才有充沛的精力和体力迎接一天的工作和学习。俗话说"早吃好，午吃饱，晚吃少"，其中"早吃好"就是强调早餐的重要性。早餐要吃，但是早上起来人们的胃口并不大，时间又紧张，所以无论中式早餐还是西式早餐，特点都是既清淡又有营养。

常常看到这样的情景，年轻人因为赶时间，到街上的早点摊儿买个煎饼馃子一边走一边吃，或者一手拿着面包一手拿着袋装、盒装牛奶，匆匆忙忙赶去上班上学，让人感受到现代中国人的快节奏生活。

玛丽：
大卫，苏菲，周日我们去外面品尝中国菜吧。

苏菲：
好啊，可是北京有那么多饭店，我们去哪里吃好呢？

大卫：
我想吃川菜，又麻又辣，吃起来很过瘾哪。

苏菲：
太辣了，我想吃上海菜，清淡，还有甜味。

玛丽：
酸、甜、苦、辣、咸我都想吃。听说中国人什么都敢吃，不知道是不是真的。

苏菲：
胃口真大，中国菜那么多，你一下子怎么吃得过来呀？呵呵。

4. 中国菜的种类怎么这么多？

要说**中国菜**有多少种，估计没人能说出准确的数字。中国太大了，菜实在是太多了，多得简直像天上的星星。

从口味上讲，中国菜是南甜北咸、东辣西酸。这是因为，一般说来，中国北方寒冷，菜肴以浓厚、咸味为主；中国华东地区气候温和，菜肴则以甜味为主；西南地区多雨潮湿，菜肴多用麻辣、浓味。

中国菜有菜系之分。所谓菜系，是指在一定区域内，由于气候、地理、历史、物产及饮食风俗的不同，经过漫长历史演变而形成一整套自成体系的烹饪技艺和风味，并被全国各地所承认的地方菜肴。一个

菜系的形成是和它的悠久历史与独到的烹饪特色分不开的，同时也受到这个地区的自然地理、气候条件、资源特产、饮食习惯等影响。菜肴在烹饪中有许多流派，鲁、川、苏、粤、浙、闽、湘、徽等地方菜形成了中国的"八大菜系"。像我们喜欢的麻婆豆腐、西湖醋鱼等属于哪些菜系，你知道吗？嗯，对了，又麻又辣的麻婆豆腐，当然是四川菜；甜甜酸酸的西湖醋鱼，当然是浙江菜咯。

　　其实，中国老百姓吃菜，尤其是到饭店吃饭，只选择自己喜欢的口味，并不能也不需要分清楚它们到底属于哪个菜系。现在中国的人口流动这么频繁，在一个省份很容易吃到其他省份或者菜系的菜品。人们外出旅行时，每到一个地方，都要找当地特色菜来吃，借机会大饱口福，因为，只有当地的地方菜，才最地道。即使不喜欢，也算是见识品尝过了。

中国这么大，每个地方的人都有自己的口味，都有自己的菜品。俗话说，一百个厨师就会有一百种口味。再说，除了饭店的饭菜，还有家常菜，能吃出妈妈的手艺。所以说，中国菜有那么多口味就不奇怪了。

有的外国人以为中国人什么都吃，这是因为中国菜用料广泛，很多外国人别说没见过，没吃过，恐怕连听都没听说过。只是在报纸、电视、电影中了解到那么一些中国饮食，就根据自己的饮食习惯或者好恶，对中国菜和中国人的饮食习惯做出判断，有的是客观的，有的未免有些主观。

中国人的饮食用材，有植物类，植物的果实、花叶、根茎等，都可以吃；也有动物类，天上飞的，地上跑的，水里游的，都可做菜。难怪

会给外国人什么都吃的印象了。

饮食是一种习惯，是长期生活选择、积累而形成的，是历史的产物。中国有山有水，有陆地有丘陵，中国人的祖先从渔猎到畜牧再到农耕，从河滩、山上、原野、树上、海里获得一切可食用的材料，维护自身的生存。最初，他们在河里捉鱼，猎取动物，吃野菜野果，当先人们看到植物种子落地第二年还继续生长，就认识了农作的规律，农耕生活就开始了。

有两句古话可以解释中国人重视饮食、食材广泛的特点和原因。其一，中国人自古以来就说"民以食为天"，把吃饭当做天下第一重要的事情，给"吃"那么高的地位，可见中国人是多么重视吃！其二，"靠山吃山，靠水吃水"，这就说明，中国人善于在自然界中发现食物，吃一切可吃、能吃的动植物，让动植物"为我所用"，这给中国人提供

了"食无禁忌"的理由和条件。

　　不要嘲笑中国人好吃，甚至什么都吃；敢于并且善于吃一切可食之物，从中摄取营养，维持生命，强身健体，这也是中国人的智慧和勇气。而且，中国这么大，民族众多，地域不同，物产不同，生活习惯自然也有很大差异，人们吃的怎么可能整齐划一呢？另外，民族不同，在饮食上也各有禁忌。就拿狗肉来说，在中国，有的民族喜欢吃，

有的民族却禁食。再往小里说，即使是一家人，饮食习惯也不一样，有人爱吃肉，有人爱吃菜，我们不能因此下结论说，这个该吃，那个不该吃。同样，对中国人喜欢吃，不能简单下结论。饮食是一种习惯，是一种文化，具有地域性和民族特色。一个国家的饮食文化是这个国家的凝聚力之一，可以说，身在异国他乡的人，想家的原因之一就是想吃家乡菜。

（玛丽去超市，遇到了王红和她的妈妈。）

王红：
玛丽，你也来买东西？

玛丽：
是呀，咦，你和阿姨怎么买了这么多东西？

王红：
春节马上就到了，买过节用的东西，尤其是准备除夕要用的菜呀、肉呀、鱼呀什么的。我哥哥和嫂子带着小侄女从南方回来过年，我们全家要吃一顿丰盛的年夜饭！

王红妈妈：
玛丽，欢迎你来我们家过春节！

5. 为什么中国人特别重视年夜饭？

中国的传统，对节气、节日总是格外重视，节日是日复一日生活的变化，是紧张劳动中的休息，它总是以欢乐祥和为主要基调。

春节，是中国最大、最重要的传统节日。春节虽然指的是农历新年、正月初一，但是在中国人的心目中，一进入腊月，就开始准备过春节了。腊八要喝腊八粥，腊月二十三是小年儿，要吃饺子，二十四扫房子，二十五、二十六要煮肉，接着杀鸡宰鱼，腊月二十九、三十要贴春联、贴福字。然后人们高高兴兴地盼到了年三十儿，就是我们说的大年，也就是除夕。一直到正月十五元宵节，春节才算结束。

除夕这一天，人们共同送走旧的一年，迎接新的一年。而**年夜饭**是中国人除夕一项重要的活动。说是年夜饭，其实并不一定是在晚上，有的家庭中午、下午就开始吃了，因为在新旧交替的午夜 12 点左右，还要吃一顿饺子呢。

　　新年，除旧迎新，象征着美好明天的开始，年夜饭无疑是一年之中最有意义的一顿饭。远方的游子无论离家多远，一定要在大年三十儿前赶回父母家中，全家团圆共度春节。所以，吃年夜饭，不仅是吃一顿丰盛的饭菜，更是中国人重视亲情、重视家庭的表现。很多人日思夜盼，就盼望在父母身边和兄弟姐妹一起吃一顿妈妈做的饭菜，享受亲情的温暖和团圆的喜悦。

　　中国人吃年夜饭是最不吝惜的，很舍得掏腰包，总是要准备一桌最丰盛的饭菜。在年夜饭中，一定是有鱼有肉的，尤其是鱼，绝对不可缺少，年年都要有，因为"鱼"和

"余"同音，"年年有鱼"就是"年年有余"的意思，包含了中国人对富足生活的期盼。除了吃饭有鱼，也常常张贴胖娃娃怀抱红鲤鱼的年画，这也是"年年有余"的意思。

北方年夜饭的另一个重头戏是饺子。晚饭后，老人们看着联欢晚会，妇女们则为大年饺子忙碌着，和面、擀皮儿、拌馅儿。包饺子通常全家大人、小孩儿齐上阵，一边包饺子一边聊天儿，交流这一年彼此的收获，是增进感情的好机会。值得一提的是，中国人是极具想象力的民族，在饺子馅儿中通常会放上一两枚洗净消毒的硬币，或者是糖块甚至是辣椒，这些都是有寓意的，是人们对美好、富裕的生活的期盼。如果吃到了硬币，就预示着

来年发大财、挣大钱，吃到糖块预示着新的一年甜甜蜜蜜，吃到辣椒预示着新的一年红红火火。吃到这些特殊的饺子的人会兴奋地大叫，家人也欢呼，为他感到高兴。午夜12点前，饺子包好了，男人们带着孩子到外面放鞭炮、放礼花，等他们回到屋子里，一盘盘热气腾腾的饺子就端上桌了！屋外鞭炮齐鸣，震耳欲聋，屋内则欢声笑语。

南方的年夜饭不吃饺子，而是吃年糕，"糕"和"高"同音，吃年糕是人们希望一年更比一年好的意思。总之，在中国，年夜饭是团圆与祥和的象征，是中国人对美好未来的憧憬。

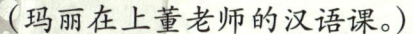

（玛丽在上董老师的汉语课。）

董老师：
今天是今年的最后一次课，明天就是新年了，祝同学们新年快乐！

玛丽：
老师，我们放假三天，您打算怎么庆祝呀？

董老师：
我嘛，买了些过节的东西，给婆婆和妈妈送去。一起吃顿饭，然后带女儿去看电影。

玛丽：
董老师，您不在婆婆那里吃年夜饭吗？

董老师：
玛丽，这个新年和吃年夜饭的新年可不一样！

6. 为什么中国有两个新年?

在中国,人们一说起过年,通常指的是中国的传统**新年**——春节。而每年的一月一号,公历的新年,中国人习惯上称为元旦。"元"是第一、开始的意思,而"旦",从字形上就可以看出,是早晨的意思。一年的第一个日出当然是"元旦"了。为了跟传统的农历新年——春节区别开来,人们也把元旦称为阳历年。这样说来,中国就有两个新年了,这是为什么呢?

　　国际通用的历法是以一个太阳回归年为周期，称为阳历，因为是全球公用，又称为公历。作为世界文明古国的中国，有着自己传统的天文历法——农历，它是以月球绕地球一周为一个月，十二个月为一年。中国是个农业国，历来以农业为重，人们又根据太阳的位置划分了二十四节气，以利于农业种植等活动。这种历法相传始于夏代，所以又称夏历，民间也俗称为阴历。在1911年辛亥革命以前，中国一直采用这一种传统历法。

　　农历的一月为一年的开始，叫

做正月，后边依次是二月、三月……一直到十二月。农历的十二个月根据自然现象和人们在当月常做的事而各有别名，如三月，桃花盛开，又称"桃月"，十一月为冬至月，十二月，古人要进行"腊祭"这种祭祀活动，因此又叫"腊月"。到了腊月，春节的序曲就开始了，到正

月十五元宵节，春节才真正结束。

公历新年，即"元旦"，是阳历年的一月一日，是1912年即中国采取公元纪年后，每个公历年我们要庆祝的一个节日，但不是中国的传统节日。以公历纪年记时的好处是能够和世界同步，和其他国家统一起来，方便生活、工作中的使用和

交流。在当代中国，日历以公历为主，但同时也会标注农历日期、农历传统节日和节气，便于人们查阅。传统的中国人一般过农历生日，在选择婚嫁日子的时候也常常考虑农历。

元旦在中国是法定假日，通常放三天假。中国人庆祝元旦的气氛远没有春节那么隆重，不会贴春联，也不必挂福字，也不用拜年，更不用说"过年好"，但是过去人们都会在年底之前写好明信片，寄送给亲朋好友，表达对他们新年的美好祝福。后来短信祝福也逐渐成为一种民俗，亲朋好友之间互祝"元旦（新年）快乐，万事如意"。最普遍的是 12 月 31 日的夜晚，大家守在电视机旁，收看世界各地的新年庆祝活动的转播。年轻人则愿意聚集在广场上，观看焰火，一起倒计时，

迎接新年的钟声。那时候，广场上就成了欢乐的海洋。

自己外出庆祝的情况，在中国

的春节是很少有的，因为除夕之夜，固守传统的中国人是一定要和家人一起吃年夜饭、守岁来辞旧迎新，讲究的是团聚、团圆。

（玛丽生日时，苏菲带礼物给她。）

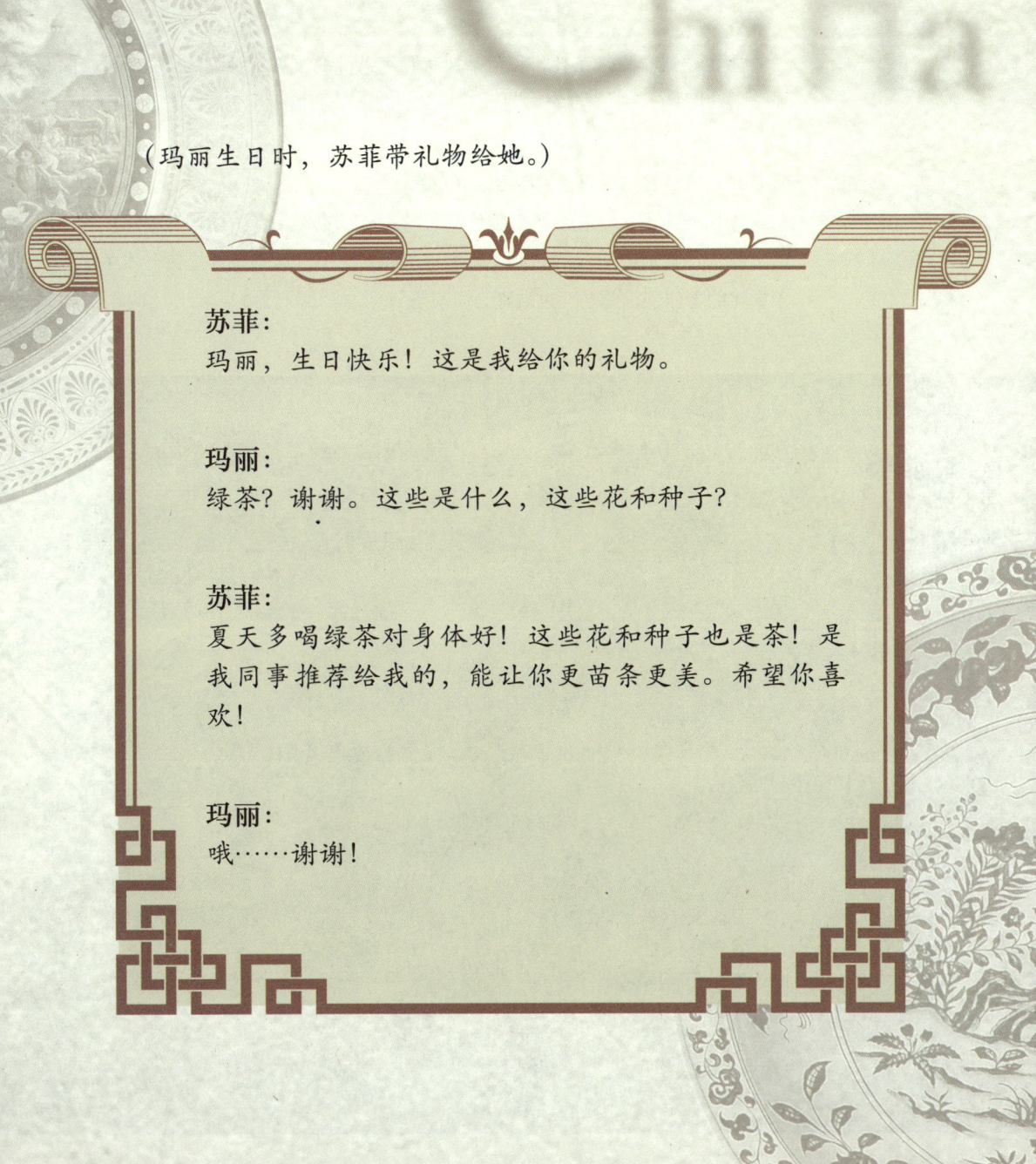

苏菲：
玛丽，生日快乐！这是我给你的礼物。

玛丽：
绿茶？谢谢。这些是什么，这些花和种子？

苏菲：
夏天多喝绿茶对身体好！这些花和种子也是茶！是我同事推荐给我的，能让你更苗条更美。希望你喜欢！

玛丽：
哦……谢谢！

7. 中国人怎么喝茶？

　　中国是最早发现茶树、种植茶树和利用茶叶的国家，被称为"茶的故乡"。茶叶是传说中的神农尝遍百草时发现的，最初主要用于医疗方面，因为茶叶冲泡后，有解毒、消炎、醒脑、提神的功效。现代医学证明，茶还有预防癌症、抗辐射、强心和降压等医疗效果。

　　茶树在唐朝已经在全国各地广泛种植，饮茶也渐渐成为中国人不可缺少的一种生活习惯。唐代的陆羽还写了《茶经》一书，这是世界上第一本关于茶文化的著作，因此陆羽也被称为"茶圣"。

中国的茶叶品种很多，根据发酵的程度，大致可分为绿茶、红茶、乌龙茶、花茶、白茶、紧压茶六类。每种都有自己的代表品种，世界闻名，如龙井绿茶、祁门红茶、铁观音、茉莉花茶、白毫银针、普洱等。

中国人把茶当成生津止渴的饮料，喝茶成了中国百姓的日常习惯。茶和生活息息相关，从语言中就能够体会到，如人们常说"开门七件事"，指的就是柴米油盐酱醋茶，茶名列其中。再朴素的中国人，生活中也少不了"粗茶淡饭"，可见茶在人们的日常生活中是多么重要。老百姓为什么喜欢喝茶呢？以中国北方为例，四季分明，夏季炎热，冬季寒冷。通常，人们夏季喝绿茶，

生津止渴、消暑解毒；冬天喝红茶，暖心暖胃。当然，茉莉花茶也是人们喜欢的，茶中有茉莉花的清香，喝起来是一种享受。以前，人们喝最为普及的红茶、绿茶，随着生活水平的提高，茶品也不断翻新花样，以满足人们的需要，高品质的茶也走进了寻常百姓家。很多中国儿童都会唱的一首歌谣是"我的好妈妈，下班回到家，劳动了一天多么辛苦呀，妈妈妈妈快坐下，请喝一杯茶，让我亲亲你吧，我的好妈妈。"其中给辛苦了一天的妈妈端上一杯热茶，是中国小孩子应该有的孝道行为，从中可以看出，茶叶不仅具备饮用的实用功能，对小孩子情商的培养也有一定的促进呢。

饮茶习俗形成后，喝茶不仅仅是中国人的生活习惯，品茶更是成了一门艺术。品茶和欣赏茶艺表演在各大茶楼逐渐兴起。中国人常和朋友到茶楼、茶馆喝茶、聊天儿，甚至一些商业合同的签订也是在茶楼轻松、高雅的氛围中完成的，茶馆、茶楼成了中国人交际的重要场所。中国现代著名作家老舍的名作《茶馆》，就是把茶馆作为展示社会变迁、见证人民生活命运的舞台。中国的茶楼南方较多，北方相对较少。

中国的少数民族如藏族、蒙古族喜欢在茶叶中加入牛奶，制成浓郁的奶茶日常饮用、招待客人。

你知道吗，茶除了冲泡饮用之外，还可以吃。杭州有一道很出名的菜，叫做龙井虾仁，听名字就知道这道菜中龙井绿茶是主角啦。北方人还喜欢吃茶叶蛋，茶叶和鸡蛋同煮，茶香渗到鸡蛋里面，而且，茶色透过敲碎的蛋壳缝隙，在鸡蛋

上留下陶瓷般的细碎花纹，又好看又好吃。

其实，到了现在，茶的种类也扩展了，只要可以冲泡的干制花果都可称之为茶，如菊花茶，其实并不是茶，而是可以用热水冲泡的白菊花饮品。

中国的中药很发达，很多植物都具备药用功效，冲泡成茶饮用，有一定的保健功能，比如玫瑰花蕾茶，可以美容养颜；决明子茶，能清肝明目；大枣、枸杞、黄芪茶，可以补气……中国南方更有用很多中草药熬制成的凉茶。若是你来中国，看到人们尤其是女孩子们杯中漂浮着五颜六色的花花草草，千万不要大惊小怪哟！

玛丽：
刚才我看见刘老师了，她好像感冒了，我拿药给她，
她笑着感谢我，却没吃。

董老师：
刘老师怀孕了，她是不能吃西药的。

玛丽：
不吃药，病能好吗？

董老师：
她不是不吃药，是不吃西药，中药是可以吃的。

玛丽：
中药有那么神奇吗？

8. 为什么中国人那么相信中医中药?

中医 就是中国的传统医学,是中华民族保健延年和治疗疾病的学问和方法,是中国的国粹。中医的医学理论自成体系,诊疗方法独特、精湛,医疗效果神奇。中国医药历史悠久,是中国人民长期同疾病做斗争的极为丰富的经验总结,对于中华民族的繁荣昌盛有着巨大的作用,也对世界医药的发展做出了重要贡献。

中医以阴阳五行等中国古代哲学思想为基础,来解释人体脏器组织,解释人生病的原因,以采取相应的治疗方法。中医认为阴阳平衡,人就是健康的,阴阳不平衡,就会生病。而五行,指的是"木、火、水、土、金"这五种基本元素在人体中的反映。比如中国人常说的"上火",就是大便干燥、眼鼻红肿发炎等症状,中医说这是阳盛阴衰,肝火旺引起的。

中医诊疗的方法是"四诊法",也就是望、闻、问、切四种方法:望,就是观察病人的全身和局部的状况和变化,有经验的老中医甚至能够一看就知道病人得了什么病,严重不严重;闻,就是注意病人的声音和气味;问,就是询问病人的病史、生活习惯、发病的过程等情况;切,就是通过接触病人手腕，从病人的脉搏、脉象变化中对病情做出判断。

中医讲究辨证论治，就是说综合分析病症，治疗疾病的根本，而绝不是头痛医头，脚痛医脚那么简单。比如都是感冒，给病人开的药方也会因人因症状不同而不同。治疗方法也不是单一的，主要采用中药调理、治疗，辅以针灸、按摩等方法。

中药 是中医所使用的药物，是中医最主要的治疗方法，在国际医学界的地位也很高，可分为中成药和中药材。中药材按照种类可以分为植物药

材、动物药材和矿物药材，其中用得最广泛的是植物药材。植物药材主要是把植物的根、茎、叶、花、果作为药材，所以植物药材也称中草药。目前，中国用于治疗疾病的中药已达五千多种，而由各种中药配成的中成药，更是不计其数。

中药讲究的是药性和药味，中药分为寒、热、温、凉四种性质，辛、酸、甘、苦、咸五种味道。药性、药味不同，所起的治疗作用也不同。一般治热性病用寒、凉药，治寒性病用温、热药。

中药的服用方法很多，有的要加水熬煮，喝滤出的药汤；有的要磨成粉末；此外，还有丸、散、片、膏、丹以及注射剂等多种中成药形式，服用和携带都比较方便。

中药以其标本兼治、副作用小而深受中国人的欢迎，给老人、小孩儿吃都很放心。这也是中国人信任、推崇中药的一个重要原因。很多中国人选择药品时也是中药优先，一般家庭都会常备一些中药。例如感冒时，或者为了预防感冒，中国人常常喝板蓝根冲剂。外国人看到中医的神奇在于，诊病方法特别，用药特别，效果特别。可以说，中医中药是一个神奇的世界，是望闻问切的世界，是针灸按摩的世界，是花草虫兽大自然的世界。

中药有很多名贵药材，如人参、灵芝、鹿茸、朱砂等等。人参有"起死回生"之功效，人们在炖汤时加入，起到医食同源的功效，平时也可以将参片冲泡，当茶饮用，养生保健。

中国历史上有很多位名医做出了杰出贡献，如华佗发明了麻沸散，这是世界上最早的麻醉药。中国人现在感谢医生救命之恩、称赞医生医术高明，就说他／她是"华佗再世，妙手回春"等。

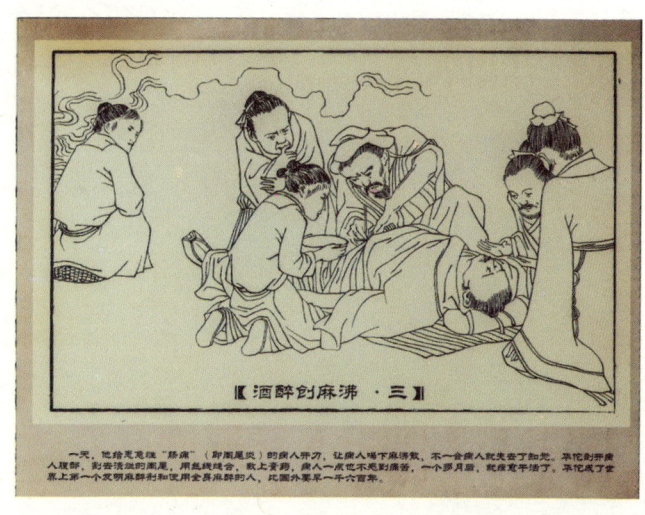

【酒醉创麻沸·三】

一天，佗给患急症"肠痈"（即阑尾炎）的病人开刀，让病人喝下麻沸散，不一会儿病人就失去了知觉。华佗剖开病人腹部，割去溃烂的阑尾，用起线缝合，敷上膏药，病人一点儿也不觉得痛苦，一个多月后，伤疤变平治好了。华佗成了世界上第一个发明麻醉剂和使用全身麻醉的人，比国外要早一千六百年。

谈到中医药，不得不提到闻名中外的几部医药学著作，如《黄帝内经》《伤寒杂病论》《本草纲目》等等，其中，李时珍的《本草纲目》还被后人称为"东方的医学巨典"。

玛丽：
王红，你的耳朵上怎么贴了这么多小胶布？

王红：
我扎针灸了，刚从医院回来。

玛丽：
针灸？就是浑身扎满了细针那种？太吓人了！你不害怕吗？

王红：
哈哈，有什么好怕的？你还没见过刮痧和拔罐吧，见了你得尖叫或是逃跑吧，哈哈……针灸效果很好的！

9. 那些"吓人"的中医治疗方法有效吗？

中医的神奇，不仅仅在于中医中药，它所采用的一些治疗保健方法，也让外国人不看不知道，一看吓一跳，比如针灸、拔火罐和刮痧。

针灸在中医学中占有重要地位。针和灸是两种方法，凡用针刺入或者压按穴位或病变部位的医疗保健方法都是针法。

用燃烧的艾蒿或其他可燃的草本、木本材料烘烤、熏灼穴位或病变部位的方法，都属于灸法，比如治疗关节疼痛、风湿等。

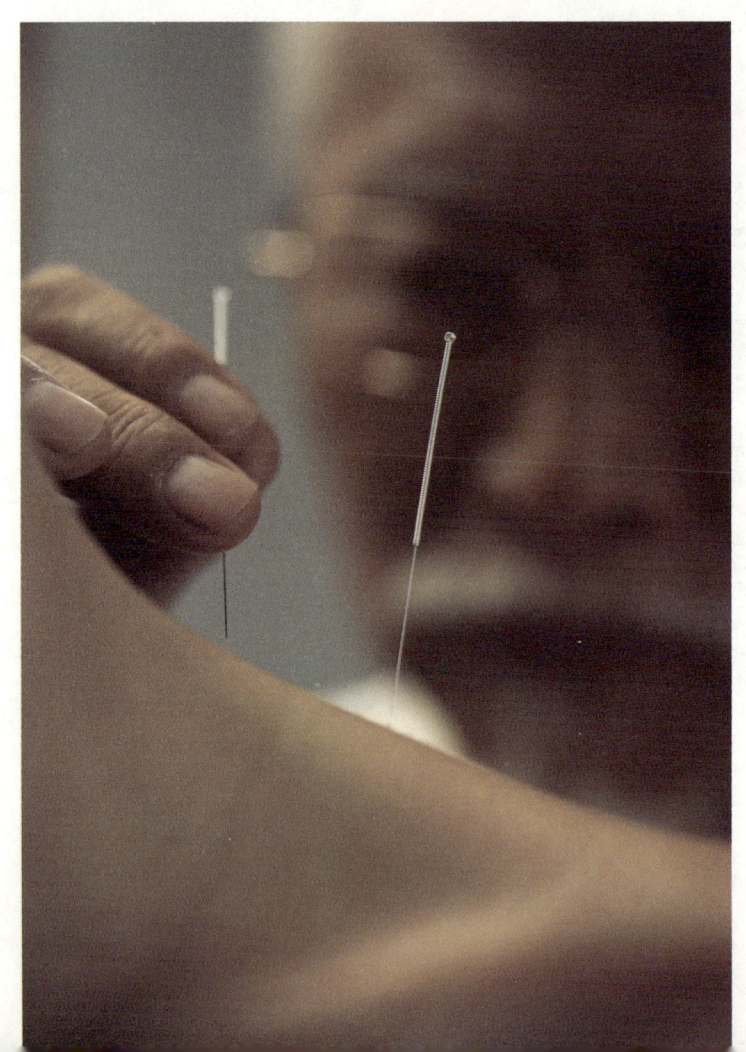

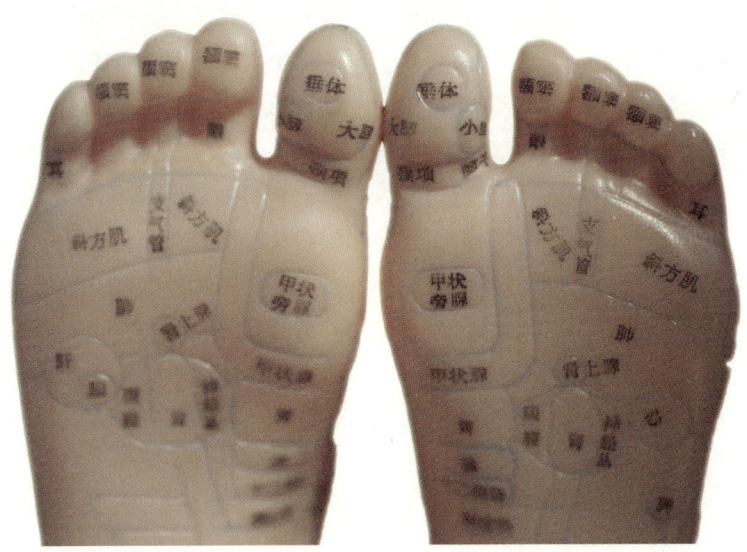

　　针灸的神奇已为世人所知，一些西医很难处理的慢性疼痛病症如肩背痛，中医用针灸方法疏通经络，可以有效缓解、治愈这样的疾病。针灸治疗不用开刀，不用吃药，只要把银针在病人的某个或多个穴位上刺入，或者辅以草本艾条熏烤，简单易行，效果又好，深受人们欢迎。对外国人来说，浑身上下都扎上银针，又烟熏火燎的，是有点儿吓人，但是当你体会到针灸的功效时，就知道它有多么神奇了。

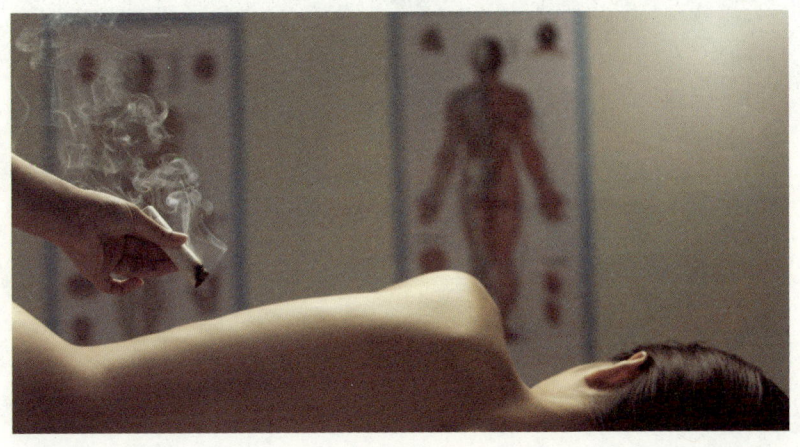

其实还有一些医疗方法，和针灸治病的原理相似，比如，用烤热的鹅卵石贴在身体穴位或者需要治疗器官的皮肤外面，或者是用毛巾热敷，虽然没有草药，也会起到缓解病痛的作用。近几年流行的暖宝宝，就是利用生石灰、铁粉等产生热量，贴在身体某些部位上，如腰腹、肩背、脚底，达到暖胃、暖脚的效果。脚暖，全身就暖了，胃痛、腰痛等都可以缓解。

按摩也是中医一种极为独特的医疗保健方法，它和针灸一样，也是利用经络学原理，通过按摩师用手在体表的按压推揉等操作刺激穴位，疏通血脉、经络，保健身体。中医认为手脚和全身各穴位都和各脏器关联，对穴位的按压刺激能达到治疗效果。如果没有明显病症，每天按压揉搓手脚对身体保健也是有好处的。市场上有好多电动按摩椅，让你在家里也可以轻松按摩。

电动按摩棒，可以根据需要按摩肩背腰腿不同部位。不带电的，就是那种长柄加宽头带突起的按摩器，随时都可以敲打身体，同样可以保健。

　　除此之外，中医还有拔火罐、刮痧等独特的医疗方式。不了解中医文化的外国人还误会为野蛮和不人道呢。电影《刮痧》反映的就是这一传统中医医疗方式在美国的遭遇，反映出巨大的文化差异。

针灸、按摩、火罐、刮痧，这些中医特有的方法，科学有效。不看不知道，中医真奇妙！

王红妈妈：

玛丽，来家里吃饭，别客气，和在自己家一样，多吃点儿。

王红：

玛丽，听说你不太舒服，妈妈特意给你做了清淡的菜。这个是西芹百合，能润肺。还有这个菜，苦瓜煎蛋，去火的。吃了就能让你感冒好得快些。

玛丽：

吃这些菜能让病好得快？……

10. 为什么说"药补不如食补"？

　　中国人的生活方式中，还有一个很重要的部分是养生，中国的养生文化也逐渐被世人所认识、接受，并在全球流行开来。

　　中国传统文化中，有一个重要观念是 "药食同源"。

　　有很多常见的植物药材，如牡丹、百合、藕、枸杞、当归、莲子、红枣、芹菜、蒲公英、蚂蚁菜等，都可以煲汤、做菜，成为中国人餐桌上的美味。这些菜既是食物，又是药物。治病不一定要喝苦口的药汤。

　　动物的肉、骨头、血或者内脏，也可以起到保健身体的作用。比如羊肉是温性的，冬天手脚冰凉的女性就可以多吃些羊肉羊汤；多喝骨头汤可以补钙；吃羊肝可以明目。著名的甲鱼汤，也是极好的滋补药。

　　水果，同样被中国人广泛利用。

人们充分认识到水果的性质，是属温热，还是寒凉。什么身体状况下吃什么水果也是有讲究的，如荔枝性热，容易上火，感冒上火的人就不适合多吃。又如人体内缺少某种维生素时，可吃哪种水果来补充，维持体内维生素的平衡。

还有粮食作物，各有各的养生

作用，绿豆煮粥去火，红
豆薏米去除体内湿气，红
皮花生可以治疗贫血……
这种药食同源观念已经融
入了人们的日常饮食中，
成为了生活常识。中国的
家庭主妇，个个都是懂得
食补的好手，每天精心为
家人孩子准备健康饮食，
并根据家人的不同身体状
况随时进行饮食调理。比
如西芹百合，原料简单，
做法也不复杂，看似一盘
平常的菜，说道可不少：芹
菜降压，富含纤维素，有助于消化排毒；百
合是一味中药，对肺有好处。真是
一举多得！

对于"药食同源"，实践得最好
的是广东人。广东人重视养生，善
于养生是出了名的，他们很注重中
药材和食材的结合，很会煲汤，煲

出的汤既美味又健康，还有一定的医疗价值。

中国人重视食补，认为"药补不如食补"。"是药三分毒"，虽然中药副作用小，但还是或多或少带有毒性。有时滥用补品药品，不但对身体健康没有好处，反而会越治越糟。平时饮食多注意营养、健康、养生，合理安排食物的搭配，身体所需一般都能从日常饮食中获得，再加上适当的锻炼，便可以起到保持健康、增强体质的效果。

现在的年轻人，常为追求形体美而节食，或者因为工作忙，饮食不规律，这导致他们身体出现了一些问题。这些年轻人希望通过服用保健药品、各类维生素药丸为自己补充营养，被称为"药丸族"。在中国人看来，用药丸补充骨胶原，倒不如多吃些动物的蹄筋。

中国人讲究药食同源，但并不反对吃药，比如由于体内多种维生素缺乏引起的某些小毛病，食补就来得慢，那么就有必要遵医嘱口服复合维生素。讲求药食同源，是将功夫用在平时，用在日常生活中，用在没有生病的时候，即防病于未然，达到养生的目的。

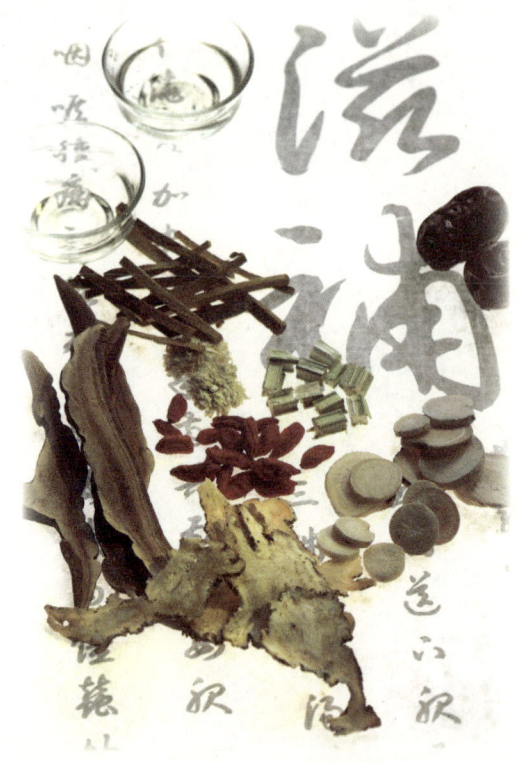

（玛丽暑假从南方旅行回来，和董老师聊天儿。）

董老师：
玛丽，旅行很开心吧，有什么收获？

玛丽：
嗯，吃了在北京吃不到的小吃，认识了很多新朋友，还看到了很多跟北方不同的建筑。

董老师：
你说的是什么建筑？是房子吗？

玛丽：
是呀，南方的房子是尖顶的，还有少数民族地区住的楼房也和北京的不同，是竹子和木头搭建的。

董老师：
看来你挺注意观察的，中国这么大，你想知道中国人都住什么样的房子吗？

11. 中国人喜欢住什么样的房子？

老百姓住的**房子**，称为民居，是劳动人民经过长期的生活和生产实践、不断改进形成的，除了具有居住功能，人们还把自己的审美情趣融入到民居建筑中。中国面积广大，地形复杂，是人口众多的多民族国家，再加上地理环境、民俗风情的不同，呈现出来的建筑样式也不一样，因而中国民居具有不同的地方特色。故土难离，传统的中国人非常重视自己的房子，世世代代生活在固定的祖屋，不愿搬家迁移。安居乐业是中国人追求的一种生活目标，"安居"就是要有房子住，"乐业"就是有满意的工作。

北方最传统、最常见的民居是大院，以北京四合院和山西大院为代表。北京四合院已经成了中华文化的名片，四合院民居相连形成的胡同，加上四合院反映出来的老北京风情，透射出独特的文化内涵，构成了独特的胡同文化。胡同里的风情、人情深深吸引着中外游客，尤其是外国人，认为在胡同流连，或者坐在人力车上来个胡同一日游，才能感受到真正的北京韵味。

山西大院也很著名，如山西祁县的乔家大院，电视剧《乔家大院》就是在那里实地拍摄的，从中你也能领略到山西大院的神韵。

安徽自古以来是经济发达地区，因此民居形式比较讲究，粉墙灰瓦，细致精美。江南水乡则是小桥流水人家，木质、石质的房子临水而建，青砖灰瓦掩映在绿树中，倒映在小河里。

　　闽南客家土楼是北方汉人为避战乱自保而修建的，是一种防御性很强的民居形式。在山里、树丛中的土楼，远看像是外星人的飞碟，充满神秘色彩。

　　黄土高原地区黄土丰富，开挖容易，窑洞就成了华北、西北地区的主要居住形式。而西南地区由于炎热多雨，又有蛇虫出没，那里的传统建筑形式是通风、防潮、防虫的吊脚楼，充分利用了当地盛产的竹、木材料，如苗族、土家族的吊脚楼，云南傣族的竹楼等。

北方的蒙古族，住在美丽的蒙古包里，蒙古包像一顶顶帐篷，便于拆卸安装，适合游牧生活。

值得一提的是，在中国的广东、

福建地区，还有一种碉楼也因为具有欧美风格显得与众不同，如著名的福建开平碉楼。因为那里是著名的侨乡，历史上很多华人为生活所迫到海外谋生，赚了钱就回故乡盖房子。他们从国外运来建筑材料和装饰材料，设计风格也具有所在国的民居特点，但又保留了中华民族传统特色，比如外表洋化，但是楼房名称和楹联等却具有深刻的中华文化内涵，是中西结合的典型。

当然，随着城市和农村现代化程度的不断加深以及人口的不断增长，传统民居被越来越多的高楼大厦所代替。高楼大厦已经成为当代中国人的主要居住场所。有趣的是，曾经向往着有朝一日住进高楼大厦、享受现代化生活的中国人在愿望实现后，却很快地对几乎消失的传统民居产生了深深的怀念，又开始回归土地、回归自然，能在远离城市喧嚣的乡村有一幢属于自己的老式民居成为人们的又一个奢望。

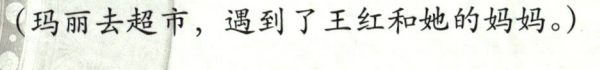

（玛丽去超市，遇到了王红和她的妈妈。）

王红：
玛丽，今天周末，学校礼堂上映一部新电影，一起去看怎么样？

玛丽：
好呀，什么电影？我能看懂吗？

王红：
没问题，是成龙的《尖峰时刻》，好莱坞大片啊。

玛丽：
太好了！我最喜欢成龙了，我可是他的粉丝呢！

12. 为什么"二龙"这么受欢迎?

　　武术,又叫功夫,是中国的国粹。说起中国功夫,人们首先想到的是**李小龙**和**成龙**。熟悉中国电影,喜欢中国武术的人都知道,"二龙"指的是李小龙和成龙。他们之所以受欢迎,是因为在电影中,他们是永远不会被打败的英雄。而实际生活中,李小龙和成龙也是功夫了得的武术大师。

很多外国人对中国的最初认识是从武打电影中得到的，进而对汉语、对中国文化产生了兴趣。有一个来自捷克的留学生，小时候受父亲影响开始练习武术，因为崇拜李小龙而迷恋中国武术，进而对中国文化产生了极大的兴趣，大学时毅然选择了中文作为自己的专业，还争取到了来中国留学的机会。他边学习汉语边练习少林功夫，每个假期都要到武术圣地少林寺去提高技艺。他的毕业论文也是关于李小龙和截拳道的。

李小龙是好莱坞功夫巨星。他生于美国旧金山三藩市，少年时曾经在香港拜武术家叶问为师，回到美国后创造了截拳道。他在好莱坞拍摄的功夫片风靡世界，他自己也几乎成了中国功夫的化身。他在电影中展示了高超的武术造诣，尤其是他的拳脚、双节棍、三节棍更是让人眼花缭乱。他的功夫将中国武术发挥到了出神入化的程度，而身穿黄色功夫服，拇指划过鼻子并配合一声发自丹田的怪叫，成为了他标志性的动作。

李小龙的影响不仅仅是武术上的，他和他的功夫电影，弘扬了中国的传统武术文化，也改变了亚洲人尤其是中国人在西方人眼中的负面形象。

成龙是继李小龙之后又一"打"进好莱坞的中国功夫巨星。他个子不高，长得也算不上帅，但是他所拍摄的电影，武打设计精妙、连贯，风格幽默、轻快，给世界各国人民留下了深刻印象，成龙本人也成为国际武打巨星，成为李小龙之后中国武术的化身和代言人。成龙谦虚、平易近人的品格和他浓烈的民族情怀让他具有独特的魅力，世界各国都有他的铁杆粉丝。

李小龙和成龙，凭借扮演的功夫高手角色，成功弘扬了中国武术的文化内涵，通过好莱坞这个影响巨大的媒介，让中国武术走向了世界。很多外国人因为对中国功夫着迷，也开始对中国文化产生了兴趣，渴望去进一步认识中国、了解中国，这是中国传统武术的功劳。

如今，中国武术成为中国传统的运动项目，它以套路和搏斗为运动形式，注重内外兼修，具有自卫、健身、娱乐、表演等多种社会功能。简单地讲，武术是外在形式，武德是内心修养。作为中华文化的一个重要组成部分，武术深受中国古代哲学思想、美学观念和兵法影响，渗透着中华民族的传统道德和修养，具有鲜明的民族特点和丰富内涵，这才是中国武术的真正魅力所在。

（王红给玛丽打电话。）

王红：
我已经到公园门口了。

玛丽：
我也到了，但是人太多了，你在哪儿呀？怎么看不到你？

王红：
面对大门左手边的狮子旁边。

玛丽：
好，王红，我来了！早上公园怎么人这么多呀？

13. 为什么公园里早上人会那么多?

　　中国人有早睡早起的习惯,经过一夜的充足睡眠,人会感到特别有精神。"一日之计在于晨",是说早晨是一天的开始,有很重要的意义。这句话告诉人们尤其是学生们,不要浪费了早上的大好时光。很多中国人也有早上进行

晨练健身的好习惯。

　　晨练的地点一般选在公园或者广场上。自从公园拆除围墙,面向市民免费开放后,到公园去锻炼的人就更多了。上班上学路上你会看到公园里进进出出的人特别多,他们都是去锻炼身体的。

公园自然环境好，有花草树木，还有宽阔而安全的场地，适合人们晨练。晨练的方式很多，有人散步、快走，有人练习剑术、打太极拳，有人跳舞、跳绳、踢毽子、打羽毛球、扭秧歌等等。晨练能够舒活筋骨，强身健体，让人们一天的生活都精力充沛。有晨练习惯的人，如果一天不锻炼，就会觉得缺了点儿什么。

有的晨练项目是集体的，通常是一群有共同兴趣和爱好的人们自发地组织起来，比如打太极拳、练太极剑、跳健身操等。有专人为大家服务，负责每天带录音机放音乐，还有技艺好的人在前面带领，起示范作用。秧歌队呢，也一样，服装、扇子样样俱全，随着喧闹的锣鼓点，人们欢乐地扭起来，健身、娱乐两不误。这样的锻炼团队，成员以前并不认识，通过晨练，结识了新朋友，扩大了交际范围。

散步，快走或者说暴走，现在也有了组织，由热心的人自愿发起，举着小旗，放着节奏适合的音乐，大家一起走，不管认识不认识，只要你愿意走，坚持走，都可以找到适合自己速度的"暴走团"。他们也热情地招呼那些"散兵游勇"加入其中，壮大队伍。

"暴走团"不是每个人都适合，毕竟速度过快，不适合年老体弱者。

公园里还能看到一两列队伍，是跟着进行曲的音乐进行行进锻炼的，人多队伍长，有专人喊"一二三四"的口令，人们边走边随口令在胸前、头顶拍手，同样能起到锻炼身体的作用。

有一种特殊的晨练方式，就是拿着自制的拖把一样的毛笔，蘸水在空地上练习书法，既锻炼体力，又提高书法水平，这真是一举两得。

跳绳，不再是简单地摇绳跳跃，现在发展成了"花式跳绳"，随着音乐节拍变化花样，让人眼花缭乱。花式跳绳也成了集体项目，也有人负责播放音乐，有人在前面领跳，技术好一点儿的，站在前面，后面随时有新人加入。音乐节奏感强，人们整齐地跳跃，五颜六色的跳绳翻飞，那场面真是壮观。

　　实际上，中国人的锻炼不仅仅在早上，晚上公园里、广场上也是同样热闹的锻炼场面，甚至人更多。吃过晚饭，去散散步，锻炼一下，回到家来能睡个好觉，总比每天窝在沙发里看电视好得多。

　　中国的全民健身并不是非到公园里不可，居住的社区里面也可以。大社区有会所供业主锻炼，小社区里面有简易的全民健身设备，单杠、双杠、吊环、走步器、扭腰器等等，这些器材是政府配置安装的，人们不出小区，就能进行锻炼。

苏菲：
今天我们学校来了一位新老师。长得真帅！

玛丽：
是吗，比我哥哥还帅吗？哈哈哈哈哈……

苏菲：
听同事说，他是从欧洲留学回来的呢，不但专业好，而且爱好广泛。什么音乐呀，画画呀，都好。

玛丽：
哦，琴、棋、书、画，样样精通嘛！

苏菲：
什么书、画样样精通？

14. "琴棋书画"指的都是什么?

琴棋书画,指的是中国古代文人具备的四项艺术技能,分别指中国的古琴、围棋、书法和绘画。现在我们讲的琴棋书画,含义就宽泛了,若说某人"琴棋书画,样样精通",那就是说他/她多才多艺,是个才子/才女。

古琴,是中国最古老的丝弦乐器,具有宫、商、角(jué)、徵(zhǐ)、羽五音,所以中国人说自己唱歌不好,常说"五音不全"。弹奏古琴有琴道,讲究诚静、平和。中国文人将琴作为自己修身养性的工具,美妙的琴声,能够使人心境平和。古人弹琴注重与人、与自然融为一体,因此在山水间、雪后、月下弹琴是文人追求的美好境界。中国文人还通过琴声来沟通心灵,"高山流水觅知音"就是大家耳熟能详的故事。音乐家俞伯牙善弹琴,樵夫钟子期

鉴赏水平高，两人一个弹琴，一个欣赏，成了知音，也就是最能相互理解的朋友。后来钟子期去世，俞伯牙便摔了古琴，终生不再弹了。这个故事至今仍被中国人广为传颂。

围棋，可以说是中国的国棋。围棋是方圆黑白的世界，棋子是圆的，棋盘是方的，棋子有黑有白。

现在它已成为一种体育竞技形式，但是在老百姓眼中，下围棋不仅要比赛输赢，更是一种游戏活动。围棋和象棋不同，不是非得拼出你死我活。下围棋要有平常心，双方在下棋过程中心情愉悦，相处融洽，增长了智慧，体会到人生的哲理。以棋会友就是下棋最好的收获。

书法，是中国独特的艺术形式，是中国艺术中的瑰宝，被称为国粹。汉字书法作品，有的龙飞凤舞，有的隽秀飘逸，呈现出独特的美感。这种美要归功于汉字独特的形体结构和毛笔的使用。现在中国人把学习书法看成是陶冶性情的一种艺术活动。

中国书法历史源远流长，形成了篆、隶、楷、行、草等几种书体，欧、颜、柳、赵多种书法风格。中国儿童学习书法，总是先选择一种字体，请老师教，买字帖临摹。写得一手好书法，是让人羡慕佩服的才能。

不要说北京 2008 年奥运会的图标体现的篆书之美，单看那个"京"字，活泼灵动，静态的文字被书法赋予了运动之感、运动之美，深深

吸引了外国人的眼光。来中国留学的外国学生，有很多都对书法感兴趣，参加书法班学习，看他们挥毫泼墨的架势，让我们感到这是书法的魅力，也是中华文化的魅力。

书法之美，即使不经过专门学习，也能欣赏，正所谓"内行看门道，外行看热闹"，内行看书体书风，看气韵，外行看它的飞扬，看变化，能在书法作品中体会到中华五千年文字的传承，也能得到美的享受。去看看天下第一行书——王羲之的《兰亭集序》吧，相信你一定会有所感悟和收获。

国画，是中国传统文化艺术的精华，以中国特有的毛笔、颜料和宣纸为工具，以人物、花鸟和山水为主要表现对象，表现了中国绘画的独有魅力，在世界画坛独树一帜，形成区别于西方绘画的艺术形式。

国画从技法上分为工笔、写意、半工半写，从色彩上分为重彩、淡彩和水墨三类。欣赏国画，要了解国画重神似而非形似的特点，就是

不追求外形上的相似，不是画得越像越好，而是注重精神实质的刻画，如人物画着重表现画中人的个性和精神，山水花鸟画表现形态特点和意趣，从而达到形神兼备的意境。中国画讲究技法，讲究色彩浓淡，同时诗画结合，画中有诗，加上印章等成为和谐统一的整体。

中国画蕴含深厚的文化，有独特的审美追求，是中华艺术中的又一块宝。

中国老人退休后开始学画的不少，既丰富了业余生活，也是保持健康长寿的一种方式。小孩子学画，能提高艺术修养，也是一种艺术特长。中国人常说"艺不压身"，若有琴棋书画的才能，将来一定有展示的机会。

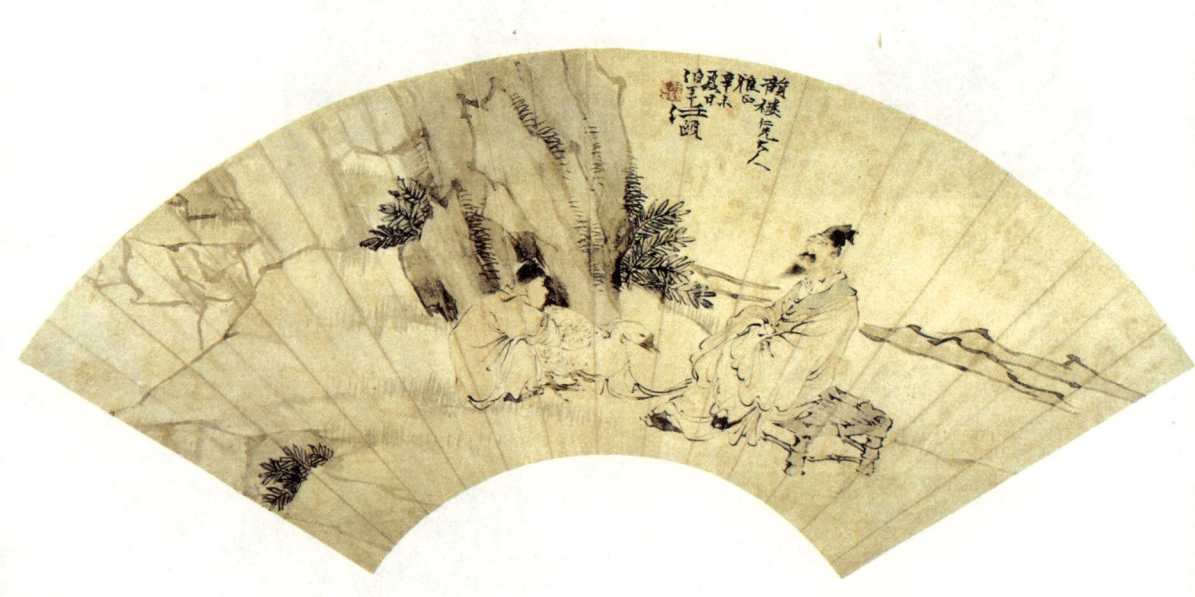

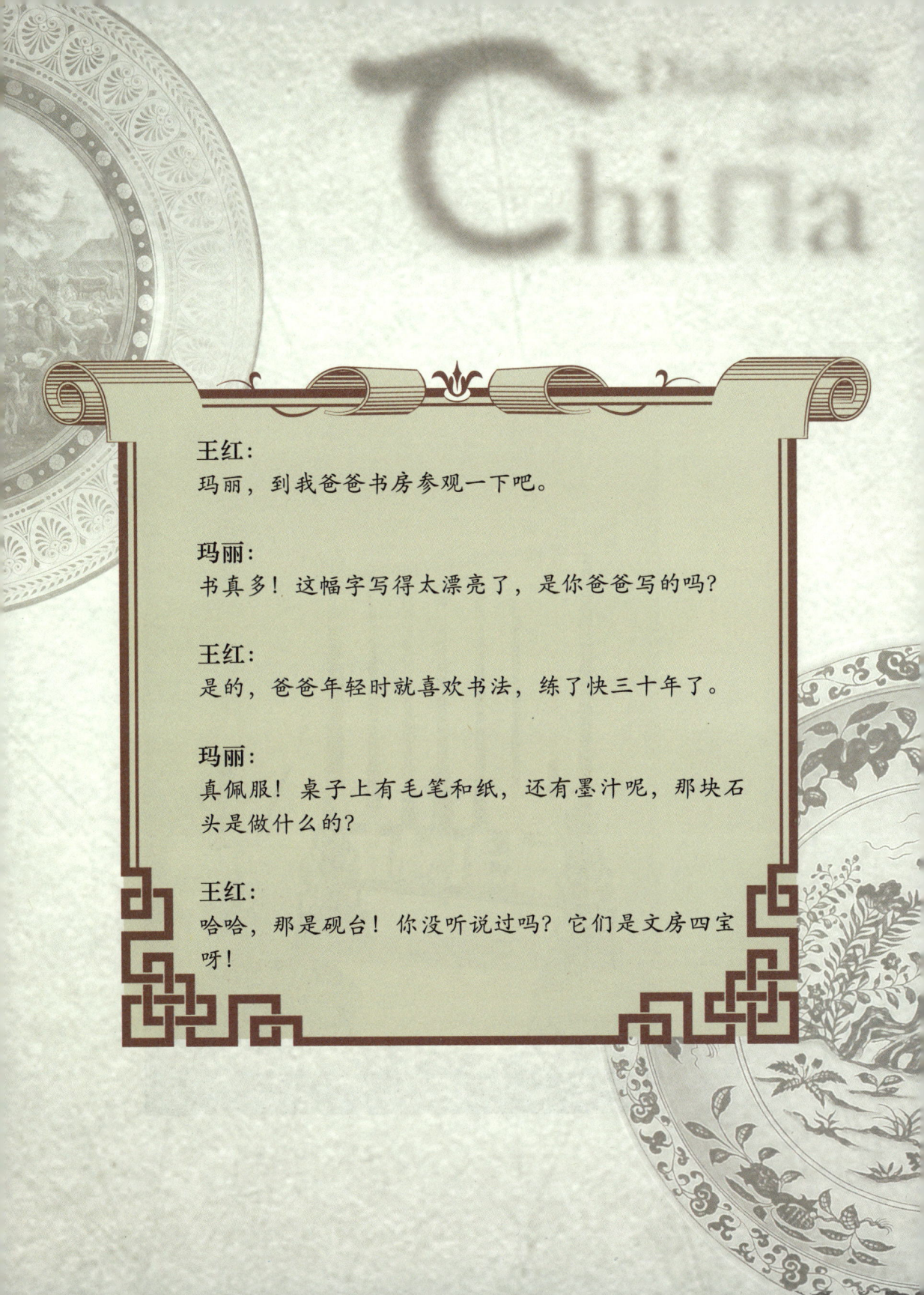

王红：
玛丽，到我爸爸书房参观一下吧。

玛丽：
书真多！这幅字写得太漂亮了，是你爸爸写的吗？

王红：
是的，爸爸年轻时就喜欢书法，练了快三十年了。

玛丽：
真佩服！桌子上有毛笔和纸，还有墨汁呢，那块石头是做什么的？

王红：
哈哈，那是砚台！你没听说过吗？它们是文房四宝呀！

15. 什么是"文房四宝"?

文房四宝，文房就是书房，中国古代把书房中使用的笔、墨、纸、砚这四种工具称为"文房四宝"，它们和中国的书法、绘画密切相关。

笔，是毛笔，是中国特有的传统的书写绘画工具，多用羊毛、兔毛、黄鼠狼尾巴毛等制成。毛笔中的精品是湖笔，它精选羊毛经72道工序完成，这样制作精良的毛笔当然为人们所喜爱。

墨，用松烟等材料制成，多为块状。使用的时候人们要用水在砚台上把墨块研磨成墨汁，进行书写和绘画。墨中最有名的是徽墨，产自

安徽。"挥毫泼墨"这个成语简单地说就是用毛笔蘸墨汁写字画画。书写完毕要将墨汁洗干净，据说大书法家王羲之练习书法后要到池水中洗笔，久而久之，池水都变成了黑色，这就是著名的"墨池"，可见王羲之当时是多么勤奋，多么坚持不懈。

造纸术是中国古代四大发明之一。唐朝初年，安徽宣州生产出一种高级的毛笔书画用纸，因为先运到宣城，然后再运到全国各地，因此这种纸被称为宣纸。宣纸优点很多，特别适合书写、绘画，到了宋代以后，宣纸就成了书写、绘画的上等用纸了。关于纸，还有一段佳

话。晋朝时，文学家左思写了一篇特别出色的文章，引得贵族富豪争相传抄，一时间洛阳纸张短缺，价格也随之涨了上来。这就是"洛阳纸贵"的故事。

砚，即砚台，是研墨的工具。中国砚台的历史悠久，最初主要是石砚，汉代以后品种增多了，出现了陶瓷、漆质和金属材质的砚台。

中国有四大名砚，其中产自广东端州端水的石砚是最好的，石质细腻、坚实，运笔润滑，墨汁饱满，磨好的墨汁不干不冻，受到历代文人的喜爱和赞赏。现在，砚台除了实用之外，还具有收藏价值。能拥有一块质量上乘、纹饰、雕工精美的端砚，是一件值得自豪的事情。

玛丽：

董老师，我最近听了一首歌叫《青花瓷》，我非常喜欢。China 这个词在英语当中既是"中国"，又是"瓷器"的意思。中国和瓷器之间有怎样的联系呢？

董老师：

嗯……好多留学生来中国都问过这样的问题。下节课，我给你们讲讲吧。

16. 为什么外国人把中国叫做 China？

在英语中，China 有两个意思，一个是瓷器，另一个是中国的国名。关于 China 这个名称的由来，当然还得从中国瓷器销往国外说起。

瓷器是中国人发明的，中国生产瓷器的历史非常悠久。大家都知道，中国对外贸易的主要出口物品，除了丝绸，就是瓷器了。古代中国的瓷器外销，以昌南镇（即后来的景德镇）生产的最为有名，有人把瓷器直接叫昌南，也就是 China，这逐渐成为中国的代名词。

那时候在国外，瓷器是最珍贵的礼品和装饰用品，欧洲人认为（中国）瓷瓶是人们发明的最美丽的东西，看起来比所有的黄金、白银和水晶制品都更加可爱。在当时的欧洲，瓷器的价值和黄金一样，王公贵族家里摆设瓷器来显示自己的富有。菲律宾人把瓷器当成珍宝，平时埋在地下，只有节日时才舍得取出来用一次。非洲各国则把中国瓷器的盘子、碟子、碗镶嵌在门楣上或者放在神龛中，是最时尚和最华贵的装饰图案。

江西景德镇的瓷器在世界上很有名。景德镇以前的名字是昌南镇，这里的工匠在公元 420 年的南朝就已经开始烧制瓷器。宋朝有一个皇帝宋真宗，他有个年号叫景德，

景德年间，因为昌南镇献给宫廷的白瓷得到赞赏和喜欢，宋真宗就把昌南镇改名为景德镇。这里生产的青花瓷，又叫白地青花瓷，是中国瓷器的主流品种之一，造型多样，花纹优美，闻名中外，直到今天，

还受到人们的喜爱，并且成为外国人眼中中国的象征。

如今，青花瓷不仅是人们喜欢的艺术品，也是人们日常使用的碗碟杯盘，还有笔筒、花瓶、花盆、鱼缸等等。除此之外，中国人还将它融进了其他艺术之中，比如将白

地青花的图案印在丝绸棉麻布料上，做成旗袍，穿在中国女子身上，散发出独特的东方韵味。著名的流行歌手周杰伦，演唱过一首歌《青花瓷》风靡中国，有一段时间，大街小巷到处都能听到这首歌："天青色等烟雨而我在等你，月色被打捞起晕开了结局。如传世的青花瓷自顾自美丽，你眼带笑意……"

玛丽：

董老师让我在学校的新年联欢晚会上表演个节目，表演什么好呢？

王红：

嗯……你不是会拉小提琴吗？你可以演奏《梁祝》啊，中国人都喜欢。

玛丽：

就是化蝶的梁祝吗？我很喜欢那个故事。

王红：

走，我陪你去买一张 CD 吧。

17. 你听过《梁祝》和《茉莉花》吗？

"梁祝"就是"梁山伯与祝英台"，本来是中国最著名的民间故事之一。祝英台是个女孩子，女扮男装去求学，与同学梁山伯在同窗三年中产生了爱情。但祝英台的父亲不同意，梁山伯因此伤心生病而死去。祝英台坚决不愿嫁给父亲要她嫁的人，在梁山伯墓前撞死。梁山伯和祝英台化作一对翩翩飞舞的蝴蝶，他们生前不能在一起，死后终于可以比翼双飞了。

这个动人的爱情悲剧故事在中国流传很广。最初故事被改编成越剧，中国音乐家又在越剧曲调的基础上，创作了小提琴协奏曲《梁祝》，成为中国艺术团出访外国时必演的节目之一。有一次中国剧团到国外演出时，周恩来总理大笔一挥将这个剧目的题目改为《中国的罗密欧与朱丽叶》，深受外国友人的欢迎和喜爱。

语言是有国界的，但音乐是无国界的，《梁祝》这首小提琴协奏曲，不但受到中国人欢迎，也受到世界其他各国人民的喜爱，成为中国传统民族音乐的突出代表。

"好一朵美丽的茉莉花，好一朵美丽的茉莉花，芬芳美丽满枝丫，又香又白人人夸，让我来将你摘下，送给别人家。茉莉花呀茉莉花……"

这首民族音乐《茉莉花》本是江苏民歌，早在 20 世纪 50 年代就在全世界传唱，直到现在。它几乎是中国在国际重要场合下的必奏之歌。1997 年 6 月 30 日午夜，香港回归祖国的交接仪式上，1999 年澳门回归仪式上，中国军乐队都演奏了这曲《茉莉花》。美国著名的萨克斯演奏家凯利金更是把《茉莉花》改编成萨克斯曲。美国曾发射一艘向外太空寻找星外生命的宇宙飞船，搭载了许多国家的优美乐曲作为地球送给外星生命的礼物，代表中国的乐曲还是这首《茉莉花》。

因此，《梁祝》和《茉莉花》已成为中国民族音乐的代表，成为中华民族走向世界的名片。

（王红的小姑姑要结婚了，她带玛丽去参观小姑姑的新房。）

玛丽：
王红，新房真漂亮！我们帮忙做些什么吧。

王红：
我们来贴喜字吧！贴在门上、窗户上和墙上。

玛丽：
这些"囍"字太漂亮了，好几种呢，这个还有龙和凤凰呢！对了，这个"囍"字是剪出来的吗？

18. "囍"字是剪出来的吗?

在中国,青年男女结婚时,总爱在门上、窗上或者房间墙上,甚至小区的大门口,贴两个大红"囍"字,增加喜庆气氛,祝福婚姻吉祥如意。

　　据说，宋代著名政治家王安石是第一个将两个喜字并排在一起组成"囍"的。他 23 岁那年，到京城去考试，回来的路上，因为学问好，被一户富裕人家看中，把女儿嫁给他做妻子，结婚当天，又得知自己金榜题名。这对王安石来讲是喜上加喜，于是他高兴地提笔在红纸上写了一个大大的"囍"字。

　　自此以后，很多人家办喜事，

都要贴大红"囍"字。人们都希望夫妻成双成对，这个"囍"字是两个"喜"字合起来的，含有夫妻恩爱，天长地久永不分离之意，当然

受到百姓的欢迎，并作为一种民俗流传至今。

今天，中国人结婚时贴的"囍"字，不用写了，它和中国的剪纸这

艳的剪纸贴在家中窗户、墙壁和门上，这样可以使欢乐气氛更加浓厚。红色是吉祥的颜色，结婚用的"囍"字和其他"龙凤呈祥""喜鹊登梅"等喜庆剪纸当然用红色。经过两千

种民间艺术形式结合起来了。剪纸是用剪刀或刻刀将纸制成各种各样的镂空图案，统称剪纸。纸呢，最常用的是彩纸和锡箔纸。每逢过节或新婚喜庆，中国人喜欢将美丽鲜

多年的发展传承，中国剪纸已经流传广泛，成为趣味性和艺术性很强的民间艺术。

在中国，各地都有剪纸，且南北风格不同，北方的剪纸线条大胆豪放，南方的剪纸细腻唯美。山西浮山县、福建漳浦县、河北省丰宁满族自治县、内蒙古自治区和林格尔县、河北省蔚县先后被文化部授予"中国民间艺术剪纸之乡"的称号。

王红：

玛丽，中国大剧院今晚有京剧《霸王别姬》，一起去看吧。

玛丽：

京剧？北京歌剧？

王红：

可以这么说。来中国这么长时间了，应该去看一出京剧啦。

玛丽：

可是我听不懂呀，只觉得脸谱五颜六色的，挺有意思的。

19. 为什么老外把京剧叫做"北京歌剧"？

京剧是中国国粹，是在中国流行最广、影响最大的戏曲剧种。外国人对中国的了解，除了饮食外，恐怕就是京剧了。老外习惯上把京剧叫成"Beijing opera"或者"Peking opera"——北京歌剧，这种叫法把京剧和西方歌剧对应起来，除了说明京剧和西方歌剧在歌舞等表演方面有相似之处外，还能看出外国人对京剧的认同和高度的评价。京剧脸谱因为它的独特性，也成了代表中华文化的一个符号。

京剧是一门综合艺术，京剧表演讲究唱、念、做、打四种手段，这也是京剧演员的四项基本功。唱是演唱，念是念白，做是舞蹈化的动作，打是指武打和翻跃等，概括起来就是歌舞的结合。

京剧中的角色分为生、旦、净、丑四种基本行当。简单说，生是男人，年纪大的叫老生，年轻的叫小生；旦指女人，老年妇女称老旦，性格活泼的年轻女子称花旦，

勇武善战的女性称刀马旦等；净又叫花脸；丑就是丑角。

在外国人看来，京剧的魅力，除了舞台和服装所制造出的氛围，还有京剧脸谱的功劳。

脸谱跟面具不同，面具可戴可摘，脸谱是用各种色彩在演员脸上画出不同图案。实际上，脸谱主要是画在花脸和丑角的脸上，以颜色和图案的勾勒来表明善恶忠奸，例如红脸表示忠勇，

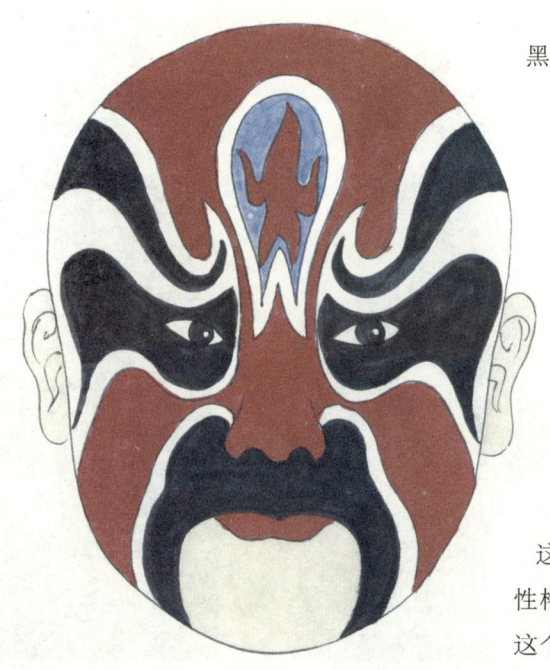

黑脸表示刚正，白脸表示奸诈……因此演员一上台，观众只看他的脸便已经知道他是好人还是坏人，因此脸谱能够体现出人们对这个人物的评价，帮助观众了解人物性格、命运和理解剧情。

左图脸谱红黑白相间，主色是红黑，表明这个人有粗犷豪放和忠勇性格，额头的小火苗，说明这个人脾气火爆。而人们对这个人的评价是肯定和正面的。

　　有一首歌《说唱脸谱》，用京剧腔调唱出脸谱的象征义，可以帮助我们很好地了解和记忆：

　　　　那一天爷爷领我去把京戏看

　　　　看见那舞台上面好多大花脸

　　　　红白黄绿蓝咧嘴又瞪眼

　　　　蓝脸的窦尔敦 盗御马

　　　　红脸的关公 战长沙

　　　　黄脸的典韦 白脸的曹操

　　　　黑脸的张飞 叫喳喳

　　　　……

　　　　紫色的天王 托宝塔

　　　　绿色的魔鬼 斗夜叉

　　　　金色的猴王 银色的妖怪

　　　　灰色的精灵 笑哈哈……

　　从上面的歌词中，我们就可以知道关公、曹操是什么特征，人们是怎么评价他们的了。

王红：
玛丽，看你没精打采的，怎么啦？

玛丽：
和朋友去酒吧了，然后又去看电影，回来都快早上了。

王红：
怪不得。你们外国人呀，都是夜猫子。

玛丽：
呵呵，那你们中国人的夜生活是什么样呢？

20. 中国人的夜生活是什么样的?

中国人的**夜生活**,可以用丰富多彩来形容。

年龄不同,阅历不同,需求不同,人们的夜生活方式也就不同,况且中国那么大,人口那么多,夜生活也是多姿多彩的。

年轻人的夜生活是 HIGH 的。他们充满活力,热爱时尚,所以喜欢生活在时代最前沿。工作学习之余,女孩子们可能相约去逛街、购物,不管是大商场还是小店铺,她们都不会错过。到大商场去买时代潮流,收获时尚奢华;到小店铺去"淘"独特,物美价廉,同样能让自己成为时尚达人。男孩

子们去酒吧,一边喝酒,一边看体育比赛。没有工资收入的学生妹通常喜欢逛小店,再简单的样式,配上青春,美丽也不打折。晚上,咖啡馆、酒吧、健身房也是年轻人的好去处,品红酒,听音乐,谈天说地,放松心情;或者男人们到健身房挥汗如雨,让自己健康健美,女

人们练瑜伽，保持身材，修身养性。同事同学有更好、更自由的方式，先是聚餐，之后就去 K 歌，你唱完我接着唱，不讲求演唱水平，说歌、喊歌都可以，图的就是个痛快。年轻人还有一个去处，就是到电影院欣赏国内外大片，追全球首发影片，看午夜场。

老年人的夜生活同样精彩，他们追求的是悠闲自在。晚饭后，或者到院子里和老邻居聊天儿，或者下棋、打麻将、玩儿扑克，有的是老朋友组合，有的是临时凑起来的，先到的有位置，后到的就成为观众；或者在小区内散步，遛狗，这时候全民健身设备就开始发挥作用了，走步，扭腰，器材简单，锻炼效果绝不简单，真是经济适用；还有些老人，走出家门，加入自己喜欢的秧歌队、歌舞队，既锻炼身体，又享受热闹

气氛。

不论男女老少，亲友聚会也是一种夜生活。聚餐、喝茶不是主要目的，聚在一起交流感情才是人们真正重视的。现在工作忙，事情多，一家人也很难凑在一起，所以家庭聚餐的优势体现出来了。在一个场合可以见到更多的亲友，是一个

效率很高的沟通方式，这对于重视天伦之乐的中国人来讲是必不可少的。温馨和睦，欢声笑语，其乐融融。

最充实的夜生活，就是"充电"，多学点儿对自己有用的东西，提高专业素质，对工作、对生活都有意义。有些人夜晚喜欢到图书馆看看书，有些人去夜校学习，艺不压身，多才多艺总会促进自己的学习、工作，因此，好多年轻人报名参加各种学习班。还有喜欢运动健身的，不管老人、小孩儿，还是年轻人，夜生活要求专业，例如找个专业教练学习打羽毛球、乒乓球，或者报学习班练习瑜伽、跆拳道等等。

中国人的夜生活，在丰富多彩中体现出大众化和多元化的特点，是全民的夜生活。

王红：
妈妈，今天晚上我不回家吃饭，您和爸爸不用等我了。

妈妈：
那你去哪儿吃?

王红：
圣诞节要到了，玛丽邀请我去参加她们班举办的狂欢夜活动。

妈妈：
知道了，（摇头）现在的年轻人呀，怎么净过些我们不懂的洋节!

21. 为什么中国年轻人喜欢过"洋节"?

现在,越来越多的中国年轻人喜欢过洋节,例如:情人节、万圣节、圣诞节等等。当今世界政治经济文化交流频繁,各国之间的交往日益密切,中外文化相互影响,中国人过西方节日,外国人过中国节日,中外互过节日成了一种潮流。如在美国,中国的春节受到越来越多的重视,春节期间很多美国人到唐人街去庆祝,吃饭、看舞龙舞狮、看燃放烟花爆竹,共享欢乐。而中国人过圣诞节也不是什么新鲜事了。

中国是个既古老又年轻的国家，中国文化博大精深，源远流长，在形成过程中，中国文化是开放的、包容的，不断地吸收异域文化，并使其本土化，从而丰富了中国文化内容。唐代玄奘西行取经，留居印度 19 年，学习梵语，研习佛经，并带回大量经卷，是中国人学习异域文化的热情很高的一个极好的例子。

今天，中国传统文化还是以开放性和包容性见长。改革开放后，中西方文化交流日益密切，不少来自西方的朋友来到中国旅游、学习、经商，有的还留在中国结婚生子。自古对异质文化有着浓厚兴趣的中国人，不断从各种媒介或者和西方人的直接接触中，了解了他们的风俗习惯，并逐渐发现，给生活带来不同色彩的西方节日，也和中国节日一样，具有独特的内容和不一样的庆祝方式。

说追求新奇也好，说追求变化也好，总之中国人在外国节日中，找到了和自己生活相适应的内涵，比如休闲、娱乐、团聚、人际交往等积极意义是和中国节日相同的。

情人节，每年的 2 月 14 日，在中国尤其是中国的北方，并不是一个天气宜人的时节，天寒地冻，却并不能打消年轻人表达爱意的热情。

这是一个浪漫的节日，男孩子送给女孩子玫瑰和巧克力，一起外出吃饭庆祝，促进了情人之间的感情交流，这对于内敛、注重行动而不善于言语表达的中国人来说是个改变的好机会，也是他们愿意接受的。因此有年轻人带头，越来越多的中国人也加入到过情人节的队伍当中去了。

无邪的孩子准备礼物，当孩子第二
天从梦中醒来，发现长筒袜里的礼
物时的幸福和惊喜，不就是父母的
幸福吗？万圣节，人们注重的是雕
刻南瓜灯的乐趣和深夜燃灯的美好。
中国人是最实际的，对洋节的吸收
也是为我所用，是节日就庆祝，庆
祝就有欢乐，何乐而不为呢？

同样的，圣诞节我们追求的是
平安夜的美好，平安夜给了中国人
"平安是福"的朴素愿望一个释放的
环境。圣诞节可以不必准备圣诞树，
但是年轻父母代替圣诞老人给天真

中国人过洋节还有另外一个因素不容忽视，就是商家善于抓住商机，充分迎合中国人重情义、追求欢乐祥和的心态，为自己赚取利润，客观上也加深了中国人对洋节的印象。不同的是节日，相同的是表达心意，增进感情。各取所需，大家都不吃亏。

现如今在中国，每年的情人节，我们都能看见穿着打扮帅气、漂亮的一对对情侣在繁华的都市中享受专属于他们的节日。而平安夜和圣诞节，人们也注重与家人的团聚，祈求来年平安幸福。

玛丽:

这几天我做什么都不太顺利,我得上网看看下周的运势。

王红:

你说的是星座吧?你什么星座?

玛丽:

巨蟹座,你呢?

王红:

我双鱼座的。

玛丽:

你们中国人也信星座吗?

王红:

我们有自己的生肖,关于星座,年轻人知道的多些,我爸爸妈妈就不懂这个。

22. 生肖和星座，中国人信哪个？

要解决这个问题，我们还是先讨论一下**生肖**和**星座**。

生肖也叫属相。中国古人用十二种动物作为人出生年的标志，来计算年岁，十二年循环一次。每个人都有对应的属相，这个属相是对应中国特有的阴历纪年而不是公历。这十二种动物分别是子鼠、丑牛、寅虎、卯兔、辰龙、巳蛇、午马、未羊、申猴、酉鸡、戌狗、亥猪。例如1970年出生的多半属狗，十二年循环一次，1982年出生的大部分也属狗；2012年1月23日后到2013年2月10日前出生的人属龙。

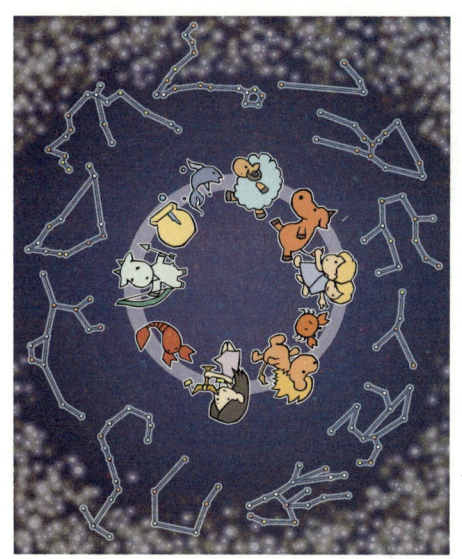

星术用的。和生肖不同，它是在公元纪年一年之内循环的，按照月份和日期划分。

生肖和星座都有预测功用：

简单地说，中国人认为，生肖决定人的命运。因此在中国人的观念中，有些生肖，人们认为是好运的，比如我们说的大属相——个子大、形体大的动物，如龙、马、虎等，生命力一般较强，或者公认的吉利属相，如龙、猪等，龙是神奇的动物，无所不能，猪呢，吃饱就睡，比较安逸；而有些属相在百姓心中运气是不太好的，或者命运坎坷的，如羊等，比较

星座，也称十二星座，对中国人来说，这是"外国货"。星座包括白羊座、金牛座、双子座、巨蟹座、狮子座、处女座、天秤座、天蝎座、射手座、摩羯座、水瓶座、双鱼座。它的形成和太阳有关，是占

弱小，常受欺侮；或者说是操劳命的，如牛、狗等，牛，勤勤恳恳耕地，狗呢，半夜警觉，所以比较操劳。这些当然只是人们根据那种动物的特性推出的判断而已，没有什么科学依据。但是传统观念的力量是很大的，在婚姻问题上，有些中国人相信自己的另一半一定要和自己属相相合才可以，否则婚姻会不顺利。比如民间有"鸡猴不到头"的说法，这是迷信，应该破除。

十二星座呢，据说也能决定人的性格，不同性格决定不同的做事方式，当然就有不同的结果，决定不同的命运。且不同星座每周每月都有不同的运道，占星师给出预测，人们根据预测来趋吉避凶，毕竟不是坏事。同样在婚姻问题上，某种星座的人尽量找与他相适合的星座的人，恐怕也有积极的一面吧。

生肖和星座，中国人到底相信哪一个呢？传统的中国人，尤其是中老年人，还是相信生肖的。年轻人呢，容易接受新鲜事物，他们在相信生肖的同时，也对星座津津乐道，至少是个交流话题。在外企，若是不懂星座，人们会用异样的眼光看你，仿佛你是外星人。那里的年轻人，利用星座指导自己的工作、生活等，以求得和上司、同事有更和谐的关系，争取职位和工资都更上一层楼。

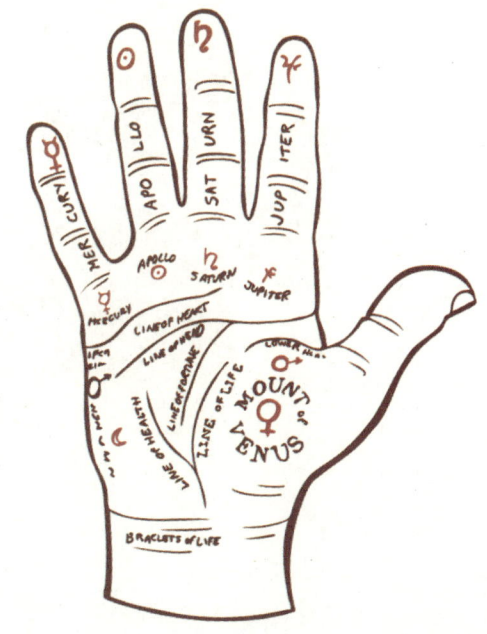

其实，中国人最善于变通，如果生肖解决不了的问题，相信星座就可能多一条解决问题的出路。再说，中国人传统的"信好的不信坏的"的观念，能让人们更乐观。不论你是信生肖还是信星座，只要积极去用，就不是坏事。

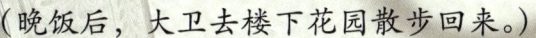

（晚饭后，大卫去楼下花园散步回来。）

苏菲：
怎么才回来？外面热吧，茶给你泡好了。

大卫：
谢谢。我在楼下花园遇到二楼的小赵夫妇和他们的女儿了，聊了一会儿。

苏菲：
是吗，那小家伙特别爱说话，大家都喜欢她。

大卫：
是呀，刚才她还给我背唐诗呢。真不明白，怎么中国的小孩子都会背唐诗呢？

苏菲：
我也说不好，但我同事的小孩儿个个会背唐诗！

23. 为什么中国小孩子都会背唐诗?

中国的小孩子,几乎每个都会背几首**唐诗**。有的小孩子即使话还说得不太全,但只要有人读一句平时他们常听的唐诗,故意不说最后一个字,孩子也都能顺利接上,就像填空一样,非常有意思。

为什么中国的小孩子都会背唐诗呢?原因并不复杂:

唐诗精炼简洁,朗朗上口,因此被拿来作为给小孩子进行启蒙教育的材料。中国小孩子最初学的唐诗是五言绝句,就是一首诗四句,每句五个字,学起来容易。如李白的《静夜思》:"床前明月光,疑是地上霜。举头望明月,低头思故乡",简单易懂,富于音乐的美感,几乎每个中国人都能背下来。

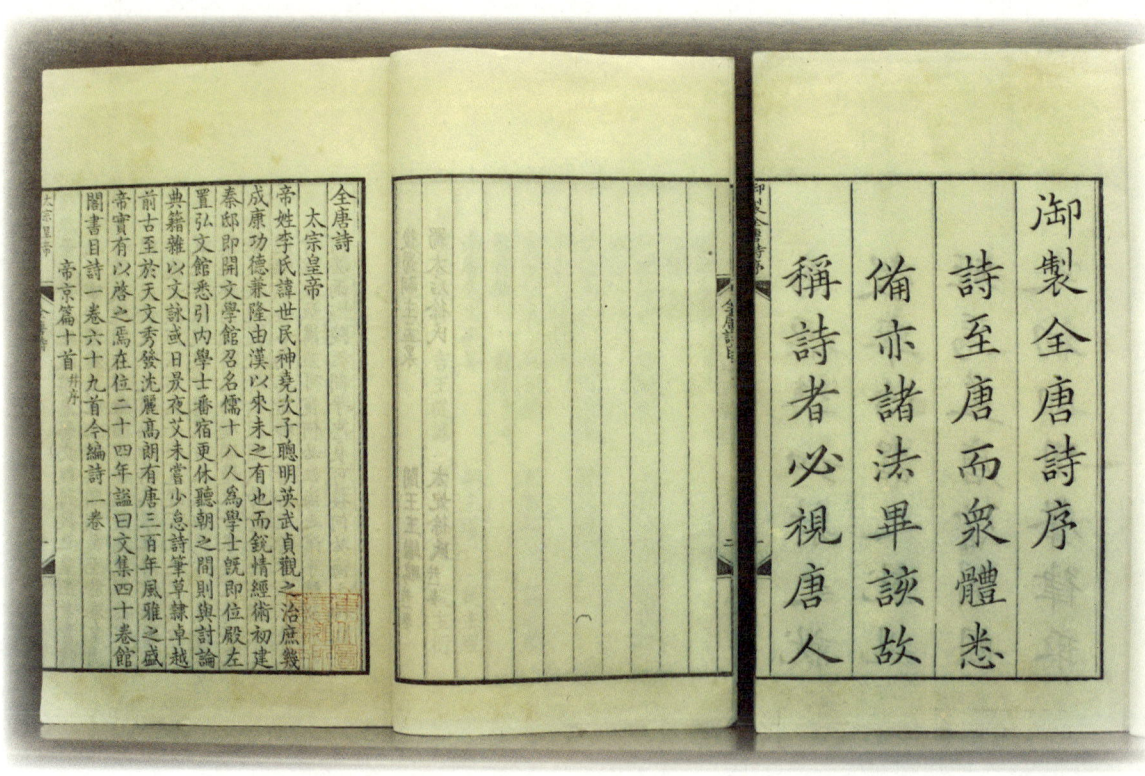

内涵，因为孩子幼小，还不能完全理解，学习时家长不一定会完全教给孩子，或者只是简单地说一两句。小孩子背唐诗，会有很多益处：锻炼语言的表达能力，增强记忆力，开发智力；唐诗轻快的节奏感，音调的变化和韵律，让孩子感觉新奇易学；同时孩子在给别人背诵时，锻炼说话做事大方，受到夸奖时孩子有成就感，增强了自信心，对孩子性格的塑造也很有好处。

最重要的是，教孩子背唐诗可以培养孩子良好的学习习惯，从中享受乐趣。中国人还有一种认识，就是"书读百遍，其义自现"，孩子

唐诗是中国传统文化的辉煌代表和杰出成就，代表了中国文学的顶峰。这永远是中国人的骄傲，并且希望这个传统可以一直传承下去。中国人常教小孩子的经典唐诗，都是美好动人的，如《静夜思》表达思乡的感情；《春晓》："春眠不觉晓，处处闻啼鸟。夜来风雨声，花落知多少"是在赞美自然风光，教孩子学会细致观察；《悯农》："谁知盘中餐，粒粒皆辛苦"让孩子懂得农民劳动的辛劳；《赋得古原草送别》："野火烧不尽，春风吹又生"教孩子认识草的生长规律和顽强生命力；《登鹳雀楼》："欲穷千里目，更上一层楼"是鼓励人们要想看得远，就要站得高……当然，这些文字中的

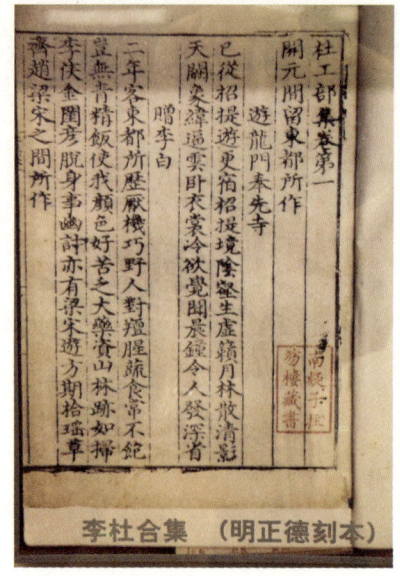

李杜合集 （明正德刻本）

学习唐诗，还可以提高文学素养，正所谓：熟读唐诗三百首，不会作诗也会吟。从简单唐诗到复杂唐诗，孩子们有一定的积累，以后思维、表达、写作能力都会有提高，或许还会接触到一个广阔的文学世界。唐诗中的丰富情感也是在对孩子进行情感教育。

以上种种原因，都促使重视教育、认为"教育要从娃娃抓起"的中国人愿意做这项功课。况且这是个传统，年轻父母也像自己父母小时候教自己一样，教孩子唐诗。久而久之，习惯成自然了，所有家长都认同，教小孩儿唐诗，就成为了一种社会风气。

当时不懂，可能只记住文字本身或表面知识，长大了再来吟诵时，自然能领会到深层含义和其中的美感。

玛丽：
王红，我明天晚上要去友谊大厦参加一个活动。怎么去好呢？

王红：
从学校出来，在门口坐255或者236路公共汽车到松山路下车，换2号线地铁，在市府广场下车。或者在松山路换232路、217路到北陵公园下车，接着坐地铁或者公交车都可以到。一会儿我给你发个信息告诉你几个选择。

玛丽：
那回来呢？

王红：
若是太晚，恐怕就得坐出租车了。

24. 中国人的出行方式有哪些?

多年以前，留学生来中国之后，亲身感受到中国的交通状况，尤其对自行车印象深刻，那时候，人们常说中国是自行车的王国。

如今，中国的 交通方式 发展变化很快，可以说是日新月异。中国不能简单地说是自行车的王国了。

在城市，最普遍的日常出行方式是公共交通，包括公交车、地铁、出租车。公交车归属不同的公交公司，由政府交通部门管理，线路覆盖面积大，车辆多。如果细心，你会发现一个主要街道的公共汽车站点区域通常会有两个以上站点，设有4~8条线路，且两班车的时间在10分钟以内。即使不是主要街道，只要有居民小区、学校、工厂、医院等，都会配备公交车辆。稍微偏僻的，还有支线车。支线车相对数量少，所以间隔也长。

地铁，是城市交通的优势，受天气影响不大，方便迅捷，基本不会塞车，是市民愿意选择的出行方式。但是地铁的

修建需要很多条件，所以不是每个城市都适合修建地铁。中国目前拥有地铁的城市有北京、上海、广州、西安、沈阳等，这些城市地铁形成了巨大网络，是市民出行的主要方式之一，同时缓解了地面交通压力。

出租车，也是日常生活交通的一个重要方式。它不受时间限制，直达目的地，方便快捷，虽然计程收费或者时距同计，即等车也照样收费，价格贵些，但毕竟物有所值。

除此之外，另一交通方式就是私家车，自己开车出行。与之相对应的，就是公车——公家车，机关、公司公家所有车辆，办公事时使用。另外就是各公司、企业、学校的班车，早晨定时定点发车，晚上发回，职工乘坐。学生呢，有的学校有自己的校车，没有的，几个家长给孩子专门包

一个小校车。

　　若是出差或者旅行，中国人选用的交通方式为长途客运、火车，有的城市还有轻轨，城市之间有城际汽车，如辽宁省的沈阳和抚顺之间，因为同城化发展需要，设有城

际大巴，命名为"雷锋号"。火车被认为是最安全、价格最公道的交通方式，中国铁路发达，南北东西四通八达。铁路以起点和终点的名字命名，如京广线就是连接北京和广州的铁路。

差无几，这时火车的价格优势就体现出来了。比如，沈阳到北京，以前都是夕发朝至，也就是晚上出发，早上到达，晚上9点左右发车，第二天早上7、8点到达。现在动车只需要4小时，当天都可以往返了。

中国交通也是陆海空立体化、多元化的。飞机速度最快，出行效率高，价格也最贵。随着生活水平的提高，坐飞机出行也是老百姓可以承受的一种交通方式了。随着铁路交通的发展，中国铁路提速，加上自主研发的动车的运行，火车在某些时候似乎和飞机需要的时间相差无几。

水上交通就是航船，在海滨城市或者有河道的城市，乘船出行也是交通方式之一。速度慢，票价低，经济、实惠，不赶时间、乐于享受悠闲的行船旅程的人们可以选择。

总之，中国的交通是多元、综合、立体的，衔接也较顺畅，极大地满足了老百姓的生活需要。

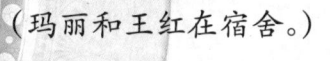

（玛丽和王红在宿舍。）

王红：
玛丽，暑假有什么打算吗？

玛丽：
当然是背起背包去旅行，我想走遍中国各地！

王红：
计划真是宏伟，但是暑假毕竟只有五周，还是精心选择一下吧。

玛丽：
我也这样想。王红，我喜欢人文景观，你给我推荐几个好去处吧！

25. 中国哪些人文景观值得你一游?

人文景观,又称文化景观,是相对于自然景观而言的,是指具有一定历史性、文化性的名胜古迹,是人们在日常生活中,为了满足一些物质和精神等方面的需要,在自然景观的基础上,叠加了文化特质,进行了文化的创造而构成的景观。

在中国,值得一游的名胜古迹太多了。

万里长城:闻名中外的万里长城,气势宏伟,横贯东西,像一条蜿蜒起伏的巨龙。它是中国古代一项伟大的军事工程,是世界建筑史上的奇迹,凝

聚着中国古代劳动人民的智慧和力量。据说宇航员从太空望地球，能看到中国的万里长城。北京的八达岭和河北的山海关是游览长城最好的地方。今天的万里长城是中国的象征，也是中外游人最向往的地方。正所谓"不到长城非好汉"，在外国人看来，到了中国不登长城，不算真正到过中国。

北京故宫：世界文化遗产，又叫紫禁城，是明清两代的皇宫，共有24位皇帝在这里居住过。它位于北京，是一座金碧辉煌的古代建筑群，规模宏大，堪称中国建筑中的精品。故宫内保存着大量文物，是世界著名的博物馆——故宫博物院所在地，每年吸引着大量的中外游客。

三孔——孔府、孔庙、孔林：位于山东省曲阜市。孔府是孔子后裔的官署和住宅，孔庙是拜祭孔子的场所，孔林是孔子及其后裔的家族墓园。如果对儒家思想感兴趣，不妨参观三孔，独特的人文景观和各建筑的丰富内涵，让你收获良多，绝对会有不虚此行之感。

晰可见。每个人参观完兵马俑后，都惊叹不已。

承德避暑山庄：位于河北省承德市，是皇家园林的代表，曾是清朝皇帝避暑和办公的地方。避暑山庄将自然景观和人工建筑巧妙地融为一体，吸收了中国南、北方的风光，是中国古典园林艺术的杰作。

秦始皇兵马俑：是精湛的陶塑艺术群像，世界罕见。它们是在西安秦始皇陵墓东面发现的，都是仿照真人、真马塑成，具有极高的美学价值。人物的面部表情不同，表现出来的性格各异。从外表即可分辨出他们的身份。其中有一位单腿跪立的兵俑，鞋底上的麻线痕迹清

苏州园林：私家园林的代表。苏州，马可波罗称之为"东方的威尼斯"，苏州园林是一个统称，全市共有风格各异的园林100多处之多，最具代表性的是沧浪亭、狮子林、拙政园和留园。沧浪亭以假山为中心，上建亭子；狮子林中怪石林立；拙政园里亭、台、轩、榭、桥、山廊俱全，每走一步都会看到不同的风景；留园的花窗设计独具特色。除此之外，寄畅园、网师园、虎丘塔、寒山寺等也是游客必到之处。

四大佛教名山：五台山、峨眉山、九华山和普陀山，是著名的佛教圣地。在这里能够欣赏雄伟的佛教建筑，体会灿烂的佛教文化。

四大石窟：莫高窟、龙门石窟、云冈石窟和麦积山石窟，是中国四大著名石窟，是石窟艺术的经典和代表。敦煌莫高窟的壁画和彩塑具有极高的美学价值；龙门石窟集中了历代皇家贵族的造像；云冈石窟

的佛像雕刻艺术极
为精湛；麦积山石
窟则地势险峻，其
泥塑艺术尤为著名。

青城山与都江
堰：青城山是道教
发祥地之一，都江
堰是中国古代伟大
的水利工程之一，
周围还有二龙庙等
许多人文景观。

布达拉宫：位于西藏拉萨。布达拉，梵语意为"佛教圣地"。布达拉宫是中国海拔最高的宫殿建筑群，是藏式建筑的精华，也是汉藏建筑艺术结合的杰作。布达拉宫内文物、壁画丰富，宗教经典和历史书籍无数，具有重大的历史文化价值。宫内在宗教节日还会举行盛大的庆典和祭祀活动。

此外，你还可以去观赏江南三大名楼，去四川看乐山大佛，看河北赵州桥和少数民族的人文景观。中国的 34 个省、自治区、直辖市和特别行政区，无论你身在哪里，都可以欣赏到别具特色的人文景观！

大卫：

玛丽，今年暑假我休假，计划和苏菲一起去旅行，我们打算沿着丝绸之路一路向西，你去不去？

玛丽：

哥哥，我可不想当"灯泡"。我打算去西南旅行，很巧，我想探访茶马古道。

大卫：

茶马古道？我还是第一次听说。

玛丽：

是呀，我们三人可以在西藏汇合，或者在印度汇合也是可能的！

26. 你知道"丝绸之路"和"茶马古道"在哪儿吗?

丝绸之路通常是指欧亚大陆北部的商道。西汉时张骞出使西域,打通了汉朝和西域各国交往的通道,往西一直延伸到罗马,开辟了中国和欧洲、非洲大陆之间的通道。自从张骞通西域以后,中国和中亚及欧洲的商业

了张骞之外，历史上很多著名人物也和这条丝路有关，比如唐代到西天取经的玄奘等。后来，史学家把沟通中西方的商路统称丝绸之路。

往来迅速增加。通过这条贯穿亚欧的大道，中国的商品源源不断地运向中亚和欧洲。在通过这条漫漫长路进行贸易的货物中，中国的丝绸最具代表性，因此，19世纪末，德国地质学家李希霍芬将张骞开辟的这条东西大道誉为"丝绸之路"。除

丝绸之路在世界史上有重大的意义。它是亚欧大陆的交通动脉，是中国、印度、希腊三种主要文化交汇的桥梁。因此，丝绸之路不仅是一条商路，也是一条文化交流之路。

茶马古道是指存在于中国西南地区，以马帮为主要交通工具的民间国际商贸通道，即云南、四川与西藏之间的古代贸易通道，由于是用川、滇的茶叶与西藏的马匹、药材交易，以马帮运输，故称"茶马古道"。茶马古道开始于唐宋，兴盛于明清，连接四川、云南和

西藏，延伸入不丹、锡金、尼泊尔、印度境内，直到抵达西亚、西非红海岸。所以它既是中国西南民族经济文化交流的走廊，也是中国西南大地上一条进行对外经济文化交流，传播中国古代文明的国际通道。

丝绸之路，世人皆知，而茶马古道，外国人知道的就比较少，其实它们在中国民族交流融合和对外交流史上具有同样重要的地位。它们不仅是贸易通道，而且都促进了东西方文化交流，应该成为中国古代对外交流的双璧。

如今，沿着这两条古道路线旅行，重走丝绸之路和茶马古道，已经成为广受中外旅行爱好者欢迎的时尚选择。

王红：
今天我给师姐打电话，问问她的情况，没想到毕业快半年了，她还没有找到理想的工作，真替她担心。可她倒挺乐观，还说自己现在是什么……"蚁族"！

玛丽：
蚁族是什么族？我不太懂，你能给我解释一下吗？

王红：
好的，顺便我还教你另一个词，"蜗居"。

玛丽：
"蜗居"我倒是知道，可是这两个词有什么联系吗？

27. "蜗居"和"蚁族"是怎么产生的?

"蜗居"和"蚁族"是近年来的网络流行词。"蜗居"出现得稍微早些,一部反映当代白领买房、供房艰难的电视剧《蜗居》的播放,使这个名词成为当时的"热词"之一。"蜗居"的意思有两个,一个是名词,意思是像蜗牛的家那么狭小的住所,另一个是动词,意思是住在狭小的房子里。

"蚁族"，同样是网络流行词，意思是像蚂蚁一样集中居住在一个地方。"蚁族"被定义为大学毕业低收入聚居群体的代称。这个群体和蚂蚁有许多相似的特点：高智商、弱小、群居。成员主要集中于八零后，该群体成员均受过高等教育，但是群体中的大多数人从事的是简单的技术类和服务类工作，有的甚至没有工作。因为收入有限，有的靠家里提供经济帮助，他们连蜗居都没有，为了节省费用，只能住集体宿舍，就是群居，成为蚁族。

不论是蜗居还是蚁族，反映的都是一种社会现象，甚至是一种社会问题。原因在哪里呢？

蜗居，只要是自己的就心安。租房的人心永远不安定，因此不要说低收入的蚁族，即使白领，同样有买房、供房的巨大压力，成为房奴。第三，这些大学生毕业后，不愿意回到乡村、小城市去生活，觉得大城市机会多，生活条件再差，也要坚持留在大城市打拼。

首先，蜗居是因为城市尤其是大城市，寸土寸金，房价太高，个人收入不足以承担高房价，个人收入和高房价之间出现了尖锐的矛盾。其次，蜗居也是人们传统观念的产物。中国人崇尚"安居"，哪怕是

社会问题的出现肯定有社会层面的原因，高房价的问题应该引起政府和社会的关注。中国政府关注到了这个问题，并及时进行了政策调控，取得了一定效果。当前，一系列房价调控政策陆续出台，显示

了政府解决这一问题的决心。

　　此外，蚁族这个群体的出现，引起了社会的思  考。从个人角度讲，大学生毕业后，不愿回到中小城市，因为大城市的吸引力太大了，虽然毕业后找不到理想的工作，但是毕竟大城市机会多。同时，大学生的择业观念也出现了一些问题，宁愿在大城市做简单、低薪的工作，也不愿回中小城市。大学生过剩的

一个深层原因是中国各大高校扩招，导致社会需求低于毕业生数量，人才供大于求。另外，一些大学生眼高手低，水平低，能力差，也是找不到工作的原因之一。

　　这几种原因交织在一起，就出现了蜗居和蚁族的状态和群体，这两个词，比较形象地反映了当代一部分年轻人生活的状态。

　　虽然是社会问题，但是我们也要用乐观的眼光看待。蜗居虽小，

毕竟是安定的家，年轻人虽然压力大，毕竟有了奋斗的目标和方向。蚁族虽艰难，但是他们并没有放弃，依然在坚持，总有一些人最终可以通过个人奋斗改变自己的困境，直到成功。这也是这些大学生值得人们肯定和鼓励的地方。

大卫:

张林,今天不加班,下班后一起去酒吧喝酒吧。好久没一起玩儿了,以前每次出去你都缺席。

张林:

不行呀,家里有老有小,还有房子要供,今天正好不用加班,哪儿能随便出去消遣呀。还是回家补觉吧。这阵子太累了。

大卫:

哥们儿,你房奴呀?!真同情你!

28. 房奴和车奴是怎么回事？

"房奴"是教育部 2007 年 8 月公布的 171 个汉语新词之一。"房奴"意思是房屋的奴隶，是指贷款购房的人，每月要花收入的 40% ～ 50% 偿还贷款，使得生活质量下降，不敢轻易换工作，不敢娱乐，害怕银行涨息，担心生病、失业，更没时间好好享受生活，甚至让人感到奴隶般的压抑。本来房子是安居的地方，对贷款买房的人来说却成了沉重负担，像枷锁一样套在自己身上。

　　"车奴"，原本是指那些打肿脸充胖子的家伙——明明养车很吃力还要买，弄得自己不敢吃好不敢喝好，美其名曰提高生活质量，实际上却严重地影响了生活质量。它同样是 171 个新词之一。

　　无论是房奴还是车奴，都是超前消费观念下的一种生活方式。以前，中国人的传统观念是"花今天的钱"，有多少钱办多少事，绝不能

借债，更不用说向银行贷款了。传统的中国人对西方人"花明天的钱"的做法是不能接受的。有一个小幽默故事讲的是中美两国老太太的不同消费观念，很有意思，也引人思考：中国老太太攒钱买房，虽然没有负债，却到死也没能攒够买大房子的钱，辛苦不说，一辈子都住在蜗居里，一天大房子都没享受过；美国老太太呢，年轻时就向银行贷款买房，边住大房子边还贷款，压力不是太大，一辈子都享受了宽敞房子的幸福。就像电视剧中的台词说的一样，攒钱的速度始终赶不上涨价的速度。

如今房奴和车奴的出现，反映出中国人，特别是年轻人消费观念的改变，他们觉得自己年轻，应该享受更美好的生活，因此敢于也乐于超前消费，贷款买房买车。每天辛辛苦苦工作赚钱不是为了抚养老婆孩子、赡养老人，而是养房子、养车。对高房价、高利率、高车价和高养车费用的忧虑，导致人们像奴隶一样为银行工作，而不是为自己、为家人、为社会工作。在新型家庭中，甚至年轻夫妻和双方四位老人共同出资供养一套房子，那种情况着实令人感到悲哀。

但是话说回来，房奴和车奴这种超前消费观念下的生活方式的出现，也有其合理的地方。首先，负担虽重，但毕竟能够居有定所，有自己的房子，心里才会安稳，才更像一个家，这是长久以来中国人的传统心理。看"家"这个汉字，就能明白和理解房子在中国人心目中的重要性了。其次，有压力才会有动力，为了追求高质量的生活，就要付出相应的劳动和代价，这样的

压力会促使人们更加努力奋斗。第三，房奴和车奴毕竟不是永久的，年轻人通过自己的不懈努力，慢慢改善生活质量，让这种"奴隶"生活变得有意义，这个过程也是一个奋斗的励志的过程。

房奴、车奴虽然也有积极的一面，但人们要量力而行，一味追求虚荣、盲目地沦为房奴和车奴是不可取的。

玛丽：

明天我要做的事情还真不少。董老师布置了一个作业，下周要交，我得到图书馆查些资料，还要给手机充值。可明天我 8 节课，没有时间呀。

王红：

上网查资料也可以呀，顺便上网交电话费。

玛丽：

在我们国家，很多事情也都是上网完成的，特别方便。但是我来中国时间不长，你给我介绍一下吧。

29. 网络如何影响了中国人的生活?

网络，让世界变得越来越小，就好像一个地球村，人们可以通过网络在世界各地交朋友，领略美丽的异国风情，让无数人在家中就能游遍地球，感受世界的多彩。网络，像无数条看不见的线，将世界连接起来。

网络改变了世界，也改变了中国，改变了中国人的生活。

网上冲浪，只是最初的名词，现在，我们简单地叫它上网。年轻人对新鲜事物接受是最迅速的。强烈的好奇心、超强的接受能力和学习能力，使年轻人首先成为网络使用者的主流。而如今，网络的方便和快捷，早已得到公众的认可，并改变着人们的生活方式。

看看网络怎样影响了我们吧。

网络改变了人们的学习方式。以前遇到问题，得到图书馆去寻找答案。现在人们上百度，24 小时都可以寻找你需要的资料、知识。网络改变了人们了解和认知世界的方式，了解世界发生了什么，不必再

举着报纸或是守在电视机前了。打开电脑，随时浏览新闻，即时更新的新闻给你更多的资讯。

网络改变了人们的购物方式。网购成了年轻人的最爱，不出家门买东西，不出国门买进口商品。网络改变了人们的支付方式。网上支付水、电、煤气、电话、有线电视费用，在网上买车票、买机票、买船票。同时，网购也给更多的人提供了工作和创业机会。

网络改变了人们的交往方式。以前人们只能通过写信、打电话联系，看不到对方。现在上网可以语音通话、视频通话，哪怕天涯海角，就好像面对面一样，缩短了人们的距离。即使不能同时在线，也可以发送邮件，可以在 QQ、MSN、SKYPE 等上面留言。但另一方面，网络也疏远了人们的距离，以前写信见字如面，现在敲打键盘，设好字体、字号、格式就可以，没有手写的亲切感。以前人们跋涉千山万水也要相见，促膝交谈，面对面谈

话，现在虽然可以通过网络视频见面，可是此面对面非彼面对面呀！

因为网络，新的婚恋形式产生了。很多人是从网恋开始，然后才在现实生活中组成家庭的。现在介绍朋友相识也不再只是以前的见面

相亲，而是相互交换联络方式，在网上先作为普通网友聊天儿、联络，觉得投缘才见面，免去了相亲不成带来的尴尬。

通过网络，公司可以召开异地同步电视会议，医生可以异地会诊，学生可以异地同步学习。

但是，使用网络催生了被叫做"宅男""宅女"的一类人。这些人只要有一台能上网的电脑，便可以宅在家一周甚至是一个假期。足不出户也可以生活，享受网上世界，但这不是一种健康的生活方式。沉迷网络的人也不少，因此荒废了工作和学习的大有人在。

网络像一个百宝箱，似乎有取之不尽、用之不竭的资源。网络又是一把双刃剑，我们一定要利用网络来做好事，不做坏事。这才是网络给这个世界带来的真正意义。

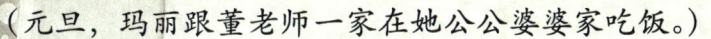

（元旦，玛丽跟董老师一家在她公公婆婆家吃饭。）

董老师：
苗苗，给爷爷、奶奶递筷子，让爷爷、奶奶先吃。

苗苗：
爷爷、奶奶多吃点儿。

爷爷：
苗苗真乖，来，这是你最喜欢的菜，爷爷夹给你，你也多吃。

奶奶：
玛丽你别客气，和在自己家一样。苗苗，你给姐姐夹菜！大家也都吃吧。

30. 为什么说"家和万事兴"?

中国人生活方式的核心,体现在 家庭 上。在中国传统文化中,家庭是社会的基本单元,社会是家庭的延伸和扩大。而家庭中,父子的血缘关系是核心部分,所以中国的家庭是以父子为中心的因血缘关系、婚姻关系而结成的小团体。中国旧式家庭有四世同堂或者五世同堂,现今的二世同堂(三口之家)是新式家庭的模式,虽然不是居住在一个屋檐下,但是中国人追求的仍然是三世、四世相聚带来的欢乐与幸福。

　　幸福家庭体现出来的是和、序观念。

　　有句话说得好，"家和万事兴"，这代表中国的传统观念，家庭和谐、稳定、幸福，整个社会才会祥和。因此，直到今天，温馨和睦、父慈子孝、兄友弟恭的家庭仍然是绝大多数中国人最理想的家庭生活图景。

　　中国家庭中，体现着传统的道德观。以三世同堂为例，中间的为父母者，又是长辈的孩子，是别人的丈夫和妻子。因此在家中，就要尊老爱幼，夫妻间相亲相爱。长辈要为晚辈做榜样，不只是在家庭中，在社会上还要表现出敬业、勤劳、善于持家、坚守信义等品质，这样

才能培养好自己的子女，为社会培养优秀公民。这就是序，长幼有序——即知道自己在家庭中的角色，

完美的圆，这是多么温馨的团圆场面！

现在，家庭结构有所变化，但是每到年节假日家庭欢聚、吃团圆饭的热闹情景并且承担相应的义务。每个人都这样做，一定会培养出和睦、温馨的大家庭氛围。

就拿吃饭来说，饭桌上一定是最年长的家庭成员动筷之后，其他人才可以拿起筷子端起碗，年长的总是夹起好吃的菜品慈祥地放进辈分最低、排行最小的孩子碗中。一个长幼有序的家庭就这么画了一个以及表现出来的天伦之乐，是最让外国人羡慕的，这也让他们深深理解了中国人为什么那么重视团圆，那么重视年夜的团圆饭。无论身处何地，在外的游子总是千方百计赶回家来和父母、兄弟、姐妹一家人吃一顿团圆饭，实际上是在享受亲人间浓浓的亲情。